中国消费中心城市研究

Research on China's Consumption Center Cities

周 勇 ◎ 著

中国社会科学出版社

图书在版编目(CIP)数据

中国消费中心城市研究 / 周勇著. -- 北京：中国社会科学出版社, 2025.7. -- ISBN 978-7-5227-4987-7

Ⅰ. F723.58

中国国家版本馆 CIP 数据核字第 2025HX1205 号

出 版 人	季为民
责任编辑	党旺旺
责任校对	赵雪姣
责任印制	张雪娇

出　　版	中国社会科学出版社
社　　址	北京鼓楼西大街甲 158 号
邮　　编	100720
网　　址	http://www.csspw.cn
发 行 部	010-84083685
门 市 部	010-84029450
经　　销	新华书店及其他书店

印刷装订	北京市十月印刷有限公司
版　　次	2025 年 7 月第 1 版
印　　次	2025 年 7 月第 1 次印刷

开　　本	710×1000　1/16
印　　张	13
插　　页	2
字　　数	206 千字
定　　价	78.00 元

凡购买中国社会科学出版社图书，如有质量问题请与本社营销中心联系调换
电话：010-84083683
版权所有　侵权必究

前　言

西方学者研究消费和城市的关系较早，如马克斯·韦伯（Max Weber, 1864—1920）较早提出了"消费型城市"的概念，爱德华·格雷兹开创了从消费角度研究城市的先河，他认为城市是商品、服务、文化的消费中心。总体而言，消费中心（在本书中"消费中心"是"国际消费中心城市和区域消费中心"的统称）①建设是具有中国特色的理论命题。中国关于消费的研究和政策实践由来已久，但关于（国际）消费中心（城市）的研究和政策实践却较晚。消费中心的概念和政策主张首先由地方层面提出，如沈阳（2003）、长沙（2010）都在政策文件中提及了消费中心城市。早期的消费中心研究主要基于区域角度。消费中心研究渐成热潮是在 2019 年后，伴随着国家层面相关国际消费中心城市培养建设试点政策文件出台，新闻界、政策咨询界、理论界紧跟步伐，对消费中心城市开始进行深入探索，这一时期的研究视野由区域上升到了国家、国际。

（国际）消费中心（城市）建设事关国家促内需、强消费、兴经济，对供给侧结构性改革也具有重大意义。它是新时期国家消费经济、区域经济、宏观经济、国际经济发展的重要抓手，同时它也是各省区②基于不同实情，立足新发展阶段，贯彻新发展理念，构建新发展格局，促进经济持续稳定发展、提高人民生活幸福水平、扎实推进共同富裕的重要举措。（国际）消费中心（城市）是一个庞大而复杂的体系，需要系统性推进，

---

① 《中华人民共和国国民经济和社会发展第十四个五年规划和 2035 年远景目标纲要》提出，"全面促进消费，培育建设国际消费中心城市，打造一批区域消费中心"。本书"消费中心"是对"国际消费中心城市和区域消费中心"的统称，后续还会对"消费中心"进行更加明确而具体的界定，详见第一章第一节。

② 省区是"省级行政区"的简称，全书同。

全面深入研究。

　　（国际）消费中心（城市）属于综合性的经济学概念，需要进行跨学科研究，本书在多学科视域下展开，涉及消费经济学、城市经济学、区域经济学、宏观经济学、国际经济学。将城市、区域、商业贸易、内外需纳入消费体系研究，从而推进消费经济学的研究。同时又将消费纳入区域研究，改变以往主要从生产角度研究区域经济的局面，使消费中心研究和生产中心研究并重。还将消费更全面纳入城市研究，更将以往的生产型城市建设视野转化为生活型城市发展视野。商业贸易以往从理论到实践更重商品贸易，较轻服务贸易；重供给端的贸易，轻需求端的贸易，本书有助于国际贸易理论更全面发展。

　　本书具有现实参考意义。以国际消费中心培养建设试点城市北京为例，本书能够启示首都主体功能及功能区发展具体思路，有助于政策制定者对北京国际消费中心城市发展战略的再认识和对已有规划方案的细化及具体落实，让北京城市建设者更进一步挖掘国际消费价值，制订更有效的消费发展计划，在科学而明晰的建设目标指引下，不断增强消费对北京市经济发展的基础性作用，将北京率先建设成具有全球影响力、竞争力和美誉度的国际消费中心城市，成为国内大循环的核心节点、国内国际双循环的关键枢纽。

　　消费中心概念是相对生产中心的概念而提出的。本书适应了国家政策和经济发展实务的需要，具体而言是适应了中国经济更多由生产向消费转型、供给侧结构性改革、发挥消费对经济发展的基础性作用、区域经济协调发展、中国经济国际竞争的需要。重点进行了消费中心的一般理论分析，包括消费中心发展、消费中心竞争、消费中心经济循环、消费中心民生、消费中心人口、消费中心布局、消费中心定位、消费中心升级、消费中心空间演进等。这些研究可进一步归纳总结为消费中心历史论、消费中心演化论、消费中心时代论、消费中心人口论、消费中心布局论、消费中心定位论、消费中心升级论、消费中心空间演进论。本书采用定性和定量相结合的研究方法，在总结前人成果和积累实践经验的基础上，对消费中心做了一定的开拓性研究。

　　消费中心是笔者近年重点研究的领域，对它的研究发端最早可追溯到笔者2013年开始的在西藏的援藏岁月，当时笔者正主持研究西藏自治区一项重要课题《西藏旅游文化发展报告》。相关课题从调查研究到成果发表都得到了社会各界的大力支持，这也说明了消费中心这个论题的前沿性、重要性。本书作为消费中心的综合性、开拓性研究，是笔者多年来研究成果的体系化总结，大部分观点在核心期刊发表过。笔者认为在继续推进供给侧结构性改革，坚持实体经济发展道路的基础上，中国经济需要更多地由生产向消费转型，中国经济更全面地发展、更强有力地走向世界的中心不仅仅需要发展生产中心，为全球提供物美价廉的工业品，还需要大力发展消费中心，贡献世界消费文化，促进消费回流。本书原创性强，笔者在自己的调查研究和理论思考下，提出个人观点。全书既是依托前人已有研究，也是辛勤脑力劳动的结晶，但缺点错误肯定难免。笔者写作此书，更多的是为了抛砖引玉，恳请广大同行赐教。

周　勇

2024年6月28日于社科嘉园

目　　录

第一章　概述 …………………………………………………………（1）
　　第一节　消费中心兴起 …………………………………………（2）
　　第二节　消费中心理论内涵 ……………………………………（7）
　　第三节　消费中心当前实践 ……………………………………（11）
　　第四节　消费中心未来影响 ……………………………………（14）
　　本章小结 …………………………………………………………（20）

第二章　从生产中心到消费中心 ……………………………………（21）
　　第一节　从生产中心到消费中心转型的实践背景 ……………（21）
　　第二节　从生产中心到消费中心转型的理论背景 ……………（23）
　　第三节　消费中心与生产中心的经济空间统一 ………………（27）
　　第四节　消费中心与生产中心的经济空间对立 ………………（31）
　　第五节　消费中心与生产中心的经济空间协调 ………………（35）
　　第六节　消费中心与生产中心协调的未来图景 ………………（41）
　　本章小结 …………………………………………………………（42）

第三章　消费中心与国内大循环 ……………………………………（43）
　　第一节　已有研究的分析 ………………………………………（43）
　　第二节　消费中心促进国内大循环的动力机制：通过提升
　　　　　　区域消费动能加速内循环 …………………………（50）

第三节 消费中心促进国内大循环的扩容机制：通过延展
区域消费容量扩大内循环 …………………………（52）

第四节 消费中心促进国内大循环的消费供给机制：通过强化
区域消费供给能力做强内循环 ……………………（55）

第五节 消费中心促进国内大循环的资源基础机制：通过扩充
区域消费资源夯实内循环 …………………………（57）

第六节 消费中心促进国内大循环的内涵深化机制：通过提高
区域消费品质升级内循环 …………………………（59）

第七节 消费中心促进国内大循环的外延扩展机制：通过多样化
区域消费产品体系完备内循环 ……………………（61）

第八节 消费中心促进国内大循环的整体机制 ……………（63）

本章小结 ……………………………………………………（64）

第四章 消费中心与共同富裕 ……………………………（66）

第一节 消费与共同富裕问题的提出 ………………………（66）

第二节 富裕内涵演化：富裕概念的传统起源和现代背景 …（69）

第三节 富裕的消费实现 ……………………………………（71）

第四节 消费的富裕内涵 ……………………………………（75）

第五节 以消费促共同富裕 …………………………………（79）

第六节 消费中心促进共同富裕的一般性结论 ……………（83）

本章小结 ……………………………………………………（84）

第五章 消费中心人口 ………………………………………（86）

第一节 消费现代化与人口规模巨大的现代化 ……………（86）

第二节 已有研究的分析 ……………………………………（87）

第三节 区域消费基于人口 …………………………………（89）

第四节 人口是消费中心建设的基本因素 …………………（91）

第五节 以人口发展促消费中心建设 ………………………（94）

本章小结 ……………………………………………………（100）

第六章　消费中心布局 ……………………………………（102）
 第一节　已有研究的分析 ………………………………（103）
 第二节　消费中心布局原则 ……………………………（104）
 第三节　消费中心布局逻辑 ……………………………（107）
 第四节　强化消费中心布局的路径 ……………………（112）
 本章小结 …………………………………………………（115）

第七章　消费中心定位 ……………………………………（116）
 第一节　已有研究的分析 ………………………………（117）
 第二节　消费中心一般定位逻辑 ………………………（119）
 第三节　消费中心具体定位内涵 ………………………（123）
 第四节　基于地域影响的消费中心分类及发展 ………（130）
 第五节　基于消费大类和专业性的消费中心分类及发展 …（135）
 本章小结 …………………………………………………（137）

第八章　消费中心升级 ……………………………………（138）
 第一节　消费中心横向层次划分 ………………………（139）
 第二节　消费中心纵向层次划分 ………………………（141）
 第三节　消费中心空间升级路径 ………………………（144）
 第四节　中国消费中心建设升级重点 …………………（147）
 第五节　中国消费中心建设升级未来展望 ……………（151）
 本章小结 …………………………………………………（154）

第九章　消费中心空间演进 ………………………………（156）
 第一节　已有研究的分析 ………………………………（157）
 第二节　消费中心空间层级发展的一般理论分析 ……（160）
 第三节　研究方法 ………………………………………（168）
 第四节　中国消费中心城市发展水平测度与聚类分析 …（174）

第五节 关于消费中心空间层级发展的一般性说明 …………（179）
本章小结 ……………………………………………………………（184）

第十章 全书总结 ……………………………………………………（185）

参考文献 ……………………………………………………………（191）

第一章　概述

《中华人民共和国国民经济和社会发展第十四个五年规划和 2035 年远景目标纲要》提出，要畅通国内大循环，促进国内国际双循环，加快培育完整内需体系；全面促进消费，培育建设国际消费中心城市，打造一批区域消费中心。[①]需求主要分为投资和消费，长期以来，中国的增长更多依靠投资驱动，随着资本不断充裕，投入扩张潜力越来越有限，投资效益下降，投资的经济加速器作用减弱，经济增长的潜力空间更多体现在消费上。这也意味着，消费越来越成为当前，乃至今后很长一段时间内中国经济发展的重要动能；建设消费中心，尤其是国际消费中心（城市）和区域消费中心（城市）是中国新时代发展消费经济、发力内需、畅通国内经济大循环和国际国内双循环的重要举措。当前，国家层面已经在上海、北京、天津、广州、重庆试点国际消费中心城市，众多省区或者大城市也掀起了（国际）消费中心（城市）建设高潮。如深圳作为 GDP 排名全国第三的一线城市，消费发展与其生产发展一直不相称，因此近年提出打造湾区顶级消费新地标，创建国际消费中心城市。河南省提出支持郑州、洛阳两市建设国际消费中心城市；到 2022 年，建设 20 个省内特色消费中心。

消费中心[①]建设是中国消费经济领域的一件大事，首先具有区域发展意义。在以国内大循环为主、扩大消费为宏观经济调控重点的时期，消费竞争，或者说消费中心竞争，将如同生产中心竞争一样，成为区域经济发展的重要变量。也就是说，哪个区域能够建成高能级的消费中心，该区域

---

① 本书研究的消费中心主要是中国特色的消费中心，它是改革开放以来基于中国具体国情、时代背景、新发展格局的区域消费、消费增长极建设实践。为方便表述，很多情形中本书不再在消费中心之前冠以中国或者中国特色。

就可能获得更多经济增长，消费中心甚至可能改变当前已有的区域经济发展秩序，打破已经形成的地方经济竞争格局。改革开放四十多年来，中国一、二线城市更多是以生产制造起步，由以前的生产制造中心发展而来，未来国内一、二线城市显然将重新布局，改变发展局面的力量将更多是消费，由消费中心决定城市建设水平。消费中心建设具有国际竞争意义，中国不仅要建设世界生产中心，还要建成世界消费中心，正如商务部等14部门印发的《关于培育建设国际消费中心城市的指导意见》提出，培育建设国际消费中心城市，带动一批大中城市提升国际化水平，加快消费转型升级，是推动经济高质量发展和新一轮高水平对外开放的重要举措，对于促进形成强大国内市场、增强消费对经济发展的基础性作用、更好满足人民日益增长的美好生活需要具有重要意义。消费中心城市被提到当前这样一个建设高度，在中国区域实践上还是新尝试，理论上较为新颖，需要理论界及时作出回应，提供理论依据和建设思路，比如需要明确消费中心的深刻内涵，把握其建设现状，并预估其对中国区域经济可能产生的影响。

第一节　消费中心兴起

消费中心（城市）概念的提出和建设主张更多立足于中国改革开放实践，是中国经济发展到一定阶段自我探索的结果。当前消费中心（城市）在中国担当着重要的消费经济、区域经济、宏观经济、国际经济发展使命，有着一定的发展主线与内在逻辑。

一　相关概念辨析

近年政策文件和学术文献中与消费中心相关的概念有多个，如消费城市、消费中心城市、区域消费中心、国际消费中心城市等，需要结合本书特点，区分政策提法和学术概念，厘清它们之间的差异与联系，以免混淆概念，或者重复用词。中心既指在某一方面占据首要地位的城市或地区，如政治中心，文化中心，经济中心等。也指跟四周的距离相等的位置，如他站在大厅的中心。是与外围、边缘相反的概念。按照城市或者地区意义上的中心释义，消费中心首先是指消费城市或者地区，其次是指在一区域范围内占据首要消费地位的城市或者地区。把握消费中心的含义需要注意三方面：其一，消费中心的"中心"是一个地域概念，可指城市或者地区；其二，消费中心是一个位置概念，是指占据消费首要位置的消费城市或者地区；其三，消费中心是一个区域概念，是与外围区域相对而言的中心。从中国当前建设实践看，消费中心更多指消费中心城市，再从研究边界来看，本书在城市的框架内探讨消费中心，所以将相关概念辨析如下：消费中心位于城市；消费中心是消费城市，反之亦然；消费中心就是消费中心城市；区域消费中心就是区域消费中心城市，反之亦然；国际消费中心就是国际消费中心城市，反之亦然；国际消费中心城市与区域消费中心城市在中心指向上一致，只是圈层范围不一致。"消费中心""消费中心城市""区域消费中心""国际消费中心城市"几个概念中，"消费中心"概念表达更一般，更本质地体现了消费中心城市这一现象，消费中心可直接指代消费中心城市，区域消费中心也就是区域消费中心城市，国际消费中心城市和区域消费中心城市只是消费中心的外延有所不同。当提到"消费中心城市""区域消费中心""国际消费中心城市"时，本书更多以"消费中心"泛指。[①]

二　中国特色消费中心政策提出

中国消费中心建设政策的提出经历了一般消费政策、国家层面国际消费中心任务明确、国家层面国际消费中心试点筛选、国家层面国际消费中心正式试点、各地消费中心建设跟进五个阶段。

（一）第一阶段：一般消费政策阶段

消费是经济学基础变量，曾在中国经济政策实践中被不断强调。在消费中心建设蓝图提出前，国家围绕消费出台了许多文件，如《国务院办公厅关于加快发展生活性服务业促进消费结构升级的指导意见》（国办发〔2015〕85号）、《国务院办公厅关于进一步扩大旅游文化体育健康养老教育培训等领域消费的意见》（国办发〔2016〕85号）、《国务院办公厅关于

---

① 中国社会科学院语言研究所词典编辑室编：《现代汉语词典》（第7版），商务印书馆2016年版，第1697页；周勇：《消费中心布局：原则、逻辑及路径》，《河南社会科学》2022年第2期。

进一步激发文化和旅游消费潜力的意见》(国办发〔2019〕41号)、《中共中央 国务院关于完善促进消费体制机制 进一步激发居民消费潜力的若干意见》、《国务院办公厅关于加快发展流通促进商业消费的意见》(国办发〔2019〕42号)等一般消费性政策文件。

(二) 第二阶段：国家层面国际消费中心任务明确阶段

从区域、城市发展和增长极角度在国家政策层面提出建设消费中心，直到21世纪第二个十年对于中国而言还是新鲜事物。《中华人民共和国国民经济和社会发展第十三个五年规划纲要》提出"培育发展国际消费中心"，进一步明确了培育建设国际消费中心城市的重点任务。

(三) 第三阶段：国家层面国际消费中心试点筛选阶段

2019年商务部等14部门出台《关于培育建设国际消费中心城市的指导意见》的文件，提出利用5年左右时间，指导基础条件好、消费潜力大、国际化水平较高、地方意愿强的城市开展培育建设，基本建成若干立足国内、辐射周边、面向世界的具有全球影响力、吸引力的综合性国际消费中心城市，带动形成一批专业化、特色化、区域性国际消费中心城市，使其成为扩大引领消费、促进产业结构升级、拉动经济增长的新载体和新引擎，该文件的出台标志着中国正式开始筹划国际消费中心城市建设。2020年商务部等14部门进一步推出《商务部办公厅关于进一步做好推荐申报国际消费中心城市培育建设试点工作的通知》文件，要求各申报城市主要围绕《关于培育建设国际消费中心城市的指导意见》(商运发〔2019〕309号) 提出的6项重点任务，研究提出细化落实方案，明确重点工作或工程，结合本地实际，提出若干特色、创新举措，例如标志性商圈、标志性展会、标志性活动、标志性场景，以及特色品牌、特色服务、特色餐饮、特色街区、特色旅游等任务及措施，该项要求旨在增加品质商品和服务供给、完善城市消费软硬件环境、提升城市国际知名度。为此，各城市要制定重点任务的时间表、路线图，明确职责分工，形成部门工作合力。

(四) 第四阶段：国家层面国际消费中心正式试点阶段

2021年7月商务部召开会议，部署加快推进国际消费中心城市培育建设各项工作，正式批准上海市、北京市、广州市、天津市、重庆市率先开展国际消费中心城市培育建设。随后，各试点城市推出了有针对性的、全面而具体的国际消费中心城市落实性规划,如北京市出台《北京培育建设国际消费中心城市实施方案(2021—2025年)》、上海市推出《上海市建设国际消费中心城市实施方案》、重庆市发布《重庆市培育建设国际消费中心城市实施方案》、天津市推出《天津市培育建设国际消费中心城市实施方案(2021—2025年)》、广州市发布《广州市加快培育建设国际消费中心城市实施方案》。

(五) 第五阶段:各地消费中心建设跟进阶段

之所以要详细梳理国家层面有关国际消费中心的政策,是因为早在21世纪初,中国就已经提及区域性的消费中心。① 当前国家层面国际消费中心城市试点和地方层面区域性消费中心建设再次迎来重大机遇,各地纷纷跟进,围绕消费中心建设的区域竞争日趋激烈。比如湖南省提出要深入实施扩大内需战略,增强消费对经济发展的基础性作用,支持长沙打造国际消费中心城市,建设一批区域消费中心城市。② 当前提出要建设国际消费中心的城市越来越多,除了长沙,还包括深圳、杭州、成都、西安、郑州、南京、武汉等在内的三十多个城市,至于提出区域层面消费中心建设的城市,则数量更多。

三 中国特色消费中心理论探索

中国早期的消费中心研究主要基于区域角度,大约从2010年开始,一个新的概念——区域性消费中心被越来越多地提及,甚至成为地方政府对城市的新定位,如长沙市人民政府将长沙定位为区域消费中心,并提出了构建举措。③ 肖怡认为,"国际大商都"应是广州建设国家中心城市的突破口和战略选择,体现于国际采购中心、国际物流中心、国际会展中心、国际购物与消费天堂等九个方面。④ 郝玉柱与张艳玲从免税业角度研究城

---

① 徐小东:《西部区域性消费中心研究》,博士学位论文,西华大学,2013年;单筱婷:《厦门构建区域性消费中心的路径与政策研究》,博士学位论文,厦门大学,2014年;肖怡:《国际大商都:广州建设国家中心城市的战略选择》,《广东商学院学报》2012年第2期。

② 《中国共产党湖南省第十二次代表大会隆重开幕》,2021年11月25日,湖南省人民政府网站(http://www.hunan.gov.cn/szf/zfld/XJH/HDXJH/202111/t20211125_21178184.html)。

③ 林耿、周锐波:《大城市商业业态空间研究》,商务印书馆2008年版。

④ 肖怡:《国际大商都:广州建设国家中心城市的战略选择》,《广东商学院学报》2012年第2期。

市消费，认为北京作为中国免税业发展的龙头地区，在经营规模、制度、经营业态等方面都与其建设国际商贸中心的战略目标不相匹配。① 汪明峰与孙莹认为，后工业化阶段大城市的消费地位越来越显著。② 消费中心研究渐成热潮是在 2019 年后，伴随着政策文件出台，新闻界、政策咨询界、理论界紧跟步伐，对消费中心城市开始进行深入探索，这一时期的研究视野由区域层面上升到了国家、国际层面。相关研究如王微、王青、刘涛等，郭军峰，汪婧，钟诗梦、李平，刘社建，吴莎，陈新年，韩成。③ 消费中心建设是具有中国特色的理论命题。西方学者研究消费和城市的关系较早，如马克斯·韦伯较早提出了"消费型城市"概念。④ 爱德华·格雷兹开创了从消费角度研究城市的先河，他认为城市是商品、服务、文化的消费中心。⑤ 尽管西方文献中有与消费、城市相关的消费城市理论，但中国的消费中心（城市）却有着自己独特的内涵。⑥ 当前，围绕消费中心的实践探索和政策分析较多，基础理论研究却较少。很多分析还在沿用消费

---

① 郝玉柱、张艳玲：《国际商贸中心建设与北京免税业发展》，《北京社会科学》2013 年第 6 期。

② 汪明峰、孙莹：《全球化与中国时尚消费城市的兴起》，《地理研究》2013 年第 12 期。

③ 王微、王青、刘涛等：《国际消费中心城市：理论、政策与实践》，中国发展出版社 2021 年版；郭军峰：《我国消费中心城市识别、集聚特征与驱动因素——基于空间计量模型的研究》，《商业经济研究》2020 年第 20 期；汪婧：《基于熵权法的国际消费中心城市竞争力评价》，《商业经济研究》2020 年第 21 期；钟诗梦、李平：《我国消费中心城市发展水平测度与消费支点效应——基于区域一体化视角》，《商业经济研究》2021 年第 1 期；刘社建：《"双循环"背景下上海构建国际消费城市路径探析》，《企业经济》2021 年第 1 期；吴莎：《西部地区消费中心城市发展潜力测度与收敛性特征研究》，《商业经济研究》2021 年第 4 期；陈新年：《顺应居民消费升级趋势，加快构建新发展格局——疏解消费升级难点堵点痛点的建议》，《宏观经济管理》2021 年第 3 期；韩成：《流通产业与消费中心城市耦合度及协同发展研究》，《商业经济研究》2021 年第 11 期。

④ ［德］马克斯·韦伯：《非正当性的支配：城市类型学》，康乐、简惠美译，广西师范大学出版社 2005 年版。

⑤ Edward L. Glaeser, Jed Kolko, Albert Saiz, "Consumer City", *Journal of Economic Geography*, Vol. 1, No. 1, 2001.

⑥ 刘司可、路洪卫、彭玮：《培育国际消费中心城市的路径、模式及启示——基于 24 个世界一线城市的比较分析》，《经济体制改革》2021 年第 5 期；周佳：《国际消费中心城市：构念、规律与对策》，《商业经济研究》2021 年第 14 期；夏会军、张冠楠：《流通产业发展水平测度及其空间可视化分布动态研究——以京津冀城市群为例》，《商业经济研究》2020 年第 12 期；周勇：《省域副中心城市和核心增长极：调整逻辑及整合框架——以湖南省等为例》，《学术论坛》2021 年第 5 期。

或者城市视角，没有建立起与中心相关的区域概念。消费中心的本质是空间竞争，更进一步而言是空间消费竞争，这是消费城市和消费中心城市的最大区别，进行消费中心建设实践和理论探索时，尤其需要对此多加关注，更多挖掘消费空间内涵。

第二节 消费中心理论内涵

中国消费中心（城市）理论在不断探索中逐渐形成自己的学术体系，这与西方消费城市理论指向相去甚远，因此，有必要深入而系统地探索其独具中国特色的内在意蕴。

一 消费中心区域竞争内涵

假如说中国改革开放以来的城市竞争主要围绕生产中心建设展开，那么可以说，当前乃至未来很长一段时期，中国城市将更多围绕消费中心竞争而展开，消费中心建设将成为未来中国区域经济版图调整的最大变量。未来的城市将更多回归服务和生活功能，除生产服务外，消费供给和服务更是城市建设的主要功能。因此，城市竞争、区域经济角力需要围绕消费布局，需要培育与消费相关的资源要素，包括消费型资本、人力资源、项目、产业、技术、文化资源。从竞争潜力来看，中国作为世界工厂，已经建成世界生产中心，中低层次生产制造已经具备强大的国际竞争力，大多数行业产能已经充分扩张，进一步发展潜力有限，且存在棘手的去产能问题，而发展高层次生产制造更多是建设现有高端生产制造中心的任务，后发城市不应该过多将生产领域作为城市发展、区域竞争的主战场。在消费领域，中国尚存发展短板，各地谁能够突破消费技术瓶颈，创新合乎需求的新型消费模式，建设一流的消费设施，吸引高端消费人才，引进先进、有活力的消费资本，谁就可能在消费经济角逐中胜出，从而成为未来城市和区域竞争的新秀。

二 消费中心区域经济转型内涵

建设消费中心主要由中国经济从生产向消费转型决定，要达到与生产规模、水平对等的消费规模、水平，中国必须建立专业化的消费中心；要建设与生产大国相对应的消费大国，必须建立专门化的消费中心。中国要通过专业化的发展，改变低层次的粗犷发展方式，推动区域消费项目高质量、规模化建设，促进区域消费经济转型升级。建设消费中心也是由"双循环"新发展格局所决定，具有格局转型内涵。要畅通内循环，必须激发消费活力，消费是中国经济循环由国外为主转向国内为主的重要力量。要国际国内双循环，必须将国际生产和国际消费全面对接，如果一国仅注重国际生产，生产更多的产品供国外消费，但不注重国际消费，不消费或者少消费相关贸易伙伴的产品，就极易造成贸易摩擦，所以要由单一的国际生产向全面的国际生产和消费转型。要促进国际国内双循环，还必须使国内消费和国际消费对接，当前外国人来华消费的规模远远赶不上中国人去国外消费的规模，重要原因之一是中国消费对接国际消费的程度较低，很多外国人不熟悉中国消费设施；中国的消费规则也与国外对接不够，不利于外国人融入中国消费场景；同时，国内外还存在消费文化的障碍。消费中心，尤其是国际消费中心的建设，能够将更多的国际消费项目引入国内，促进中国消费与国际规则对接、服务流程对接，推动国内外消费一体化。

三 消费中心区域高质量发展内涵

建设消费中心也是高质量发展的要求，创新发展、协调发展、绿色发展、开放发展、共享发展都离不开消费水平提高、消费观念改变和消费文化打造。创新要紧跟消费需求，否则创新成果难以转化，不能发挥应有的现实经济效益。协调发展离不开生产和消费的协调、区域发展协调，欠发达地区需要通过发展消费经济，弥补生产发展条件的不足，在消费供给、消费创业、就业、创新中缩小与发达地区的经济发展差距。绿色发展离不开正确的消费导向和政策，一是绿色发展需要坚持正确的消费导向，倡导在资源节约和环境保护中消费；二是可转移支付要向绿色资金、绿色消费倾斜，让绿色发展获得更多的政策激励；三是倡导生态消费，比如发展生态旅游，让绿色保护者通过绿色消费直接增收。开放发展离不开消费，要引进国际消费投资、项目,吸引国外消费者,通过国际消费中心的建设,提高中国经济的开放水平,让世界消费资源更多地为中国消费和中国经济服务。共享发展更离不开消费,要在消费资金分配中共享,在社会消费中共享,更多通过消费享受生产劳动成果,让生产劳动果实更多用于消费,满足人民群众物质文化生活需求。

四 消费中心区域协作内涵

可以用一个四方格图(见图1-1)来解释消费中心的区域协作效应。

消费协作	生产协作	
1	2	区域内
3	4	区域间

图1-1 消费中心的区域协作效应

从图1-1可看出消费中心的四种区域协作效应。一是"1"象限所示,消费中心建设能够带来区域内消费协作。消费中心建设的主阵地虽然在城市,但需要通过联系主城区和城郊、城乡、中心城市和外围区域,广泛利用消费资源,在一个经济区域内共同发展,因而具有区域内消费协作功能。二是"2"象限所示,消费中心建设能够带来区域内生产协作。消费中心建设带动消费品供应,消费品供应带动消费设施建设和消费产业发展,而消费产业是一个区域内跨不同地区的生产体系,显然,随着消费需求的拉动,闲置的区域内消费资源能够被有效激活,异地生产协作更加活跃,跨地区生产经济循环更加畅通。三是"3"象限所示,消费中心建设能够带来区域间消费协作。消费中心建设能级越高越能发挥区域消费影响力,吸引跨区域消费资源,包括供给端的资本、人员、项目,以及需求端的资金、消费者等,从而促进跨地区消费协作。四是"4"象限所示,消费中心建设能够带来区域间生产协作。消费中心发展的层次越高,越需要集中更大范围的优势消费资源,其发展的层级与资源的层次、资源利用层级和资源利用范围紧密相关。消费中心建设必定促成消费品生产供应由区域内向区域外扩展，由此而具有跨区域生产协作功能。

五　消费中心当地发展内涵

消费中心建设的首要受益者显然是当地，包括所在城市和区域。① 消费中心能够彰显当地文化，包括生产文化和消费文化，正是通过吸引区域内外、国内外的消费者，而使当地文化得以向外传播；通过以消费品和消费项目为载体、以消费活动为形式的方式，更多当地文化被外界获知、理解。消费中心能够促进当地经济特色化、专业化发展。两者相辅相成，特色和专业化有利于消费发展，是消费中心建设的基本策略；消费发展有利于当地经济特色和专业化，是当地特色和专业化发展的增量。消费中心建设作为一种发展手段，进一步实现了当地的特色化和专业化项目开发，使资源层面上和生产层面上的特色化、专业化再进一步发展为消费层面上的特色化、专业化，因而可以说，消费中心建设促进或者提升了当地的特色化和专业化。同时，消费中心建设更有效地贯彻了当地发展原则，即当地发展归根结底要依靠当地资源实现当地化发展。当地化是区域经济发展的重要战略，区域经济无论发达与否，都有一定的当地化倾向。贫困地区之所以需要当地化，是因为当地的资源严重外流，当地发展遭遇资源瓶颈，提倡当地化有利于解决本地发展资源不足的问题。发达地区之所以也需要当地化，主要是基于生态、再生资源利用、社会发展的需要，中国经济发达地区更是面临着消费资源本地聚集的紧迫任务。② 各区域或者城市通过消费供给当地化，实现资源利用的当地化、人员就业的当地化、投资的当地化，这对于当地容纳剩余劳动力、环境保护、产业安全、文化传承都具有重要意义。

---

① 林耿：《大都市区消费空间的重构——以广佛同城化为例》，《现代城市研究》2011年第6期；刘彬、陈忠暖：《日常消费空间的地方性建构及消费者感知——以成都顺兴老茶馆为例》，《世界地理研究》2018年第2期；杨蓉、黄丽萍、李凡：《怀旧消费空间的地方建构——以广州西餐老字号太平馆为例》，《热带地理》2014年第4期。

② 周勇：《资源禀赋、资源瓶颈和气候变化约束下的国际产业地理格局变动研究》，载李平主编《21世纪技术经济学》，社会科学文献出版社2014年版。

第三节 消费中心当前实践

中国提出消费中心概念的时间是在 21 世纪以后的第二个十年前后[1]，初期为地区层面，中央层面提出消费中心建设则是在"十三五"时期，《中华人民共和国国民经济和社会发展第十三个五年规划纲要》提出"培育发展国际消费中心"。也就是说，在国家层面正式试点国际消费中心城市建设之前，地方层面的区域性消费中心建设已经历多年，并初步影响了中国区域经济发展格局。消费中心建设强化了生产、消费的分区划片和专业化竞争力培育，对一地生产经济向消费经济转型或者生产经济消费经济并举发挥了重要推动作用。同时经济空间分化或者分工、基于资源环境约束的经济转型也促成了一地经济高质量发展，有利于形成新发展格局，包括国际和国内循环、本地和多地发展、本地化和全球化。当前中国不同类型消费中心各有其表现。

一 区域性中心城市生产和消费功能分离

曾经很长一段时间，受计划经济和工业发展思路影响，中国各大城市重生产轻消费，主生产辅消费，但当前，局面已经在发生改变，大城市消费的中心发展地位越来越显现或者增强，生产发展功能有所模糊或者地位减弱，甚至在空间上进行了分离。分离主要通过建设卫星城，发展都市圈，创建城市群，由主城区向卫星城、由主城市到周边城市、由中心城市扩展到城市群的发展而实现。比如许多省区的副中心城市建设，就是要从主增长极分离出更多的非核心生产功能，强化核心消费功能。[2] 在总体趋势上，大城市的主要中心城区变成消费中心的专属版图。在国际性及全国性的中心城市，可能在中心城区还保留了企业总部、专业性部门或者一些核心生产服务功能，如会计、设计等。虽然同为服务业，但生产服务业和生活服务业之间实现了分区划片，也即生产和消费的分离，生产服务业更

---

[1] 徐小东:《西部区域性消费中心研究》，博士学位论文，西华大学，2013年。
[2] 周勇:《省域副中心建设的空间组织关系及其协调》，《求索》2021年第3期。

多分布在写字楼和商务区，而生活服务业更多分布在消费商圈。而一些省域或者地市级中心城市，因为还需要进一步完成工业化，所以城市发展的生产制造功能还没有被放弃，但正在逐步实现工业进园区，消费进商圈，至少在服务业和工业上实现了功能分区。当前，每一个区域性中心城市必定有标志性的消费项目，如上海迪士尼，或者消费地标，如长沙的黄兴路、成都的宽窄巷子。一个重要城市闻名于世，更多依靠其消费中心。区域性消费中心实现了区域生产、消费的专业化竞争，促进了区域经济由生产向消费转型，并且促成了基于分工和转型的区域高质量发展，对区域经济的全球化发展产生了深远影响。

二 专业性中心城市生产和消费发展分化

中国当前许多城市，尤其是中小城市，正在进行生产和消费的分化，主要通过都市圈、城市群协作的方式进行分化，比如一部分特大城市正在通过分离出生产功能，赋予周边中小城市专业化的生产中心之职能。而一些拥有良好消费资源的中小城市，正放弃没有核心竞争优势的生产制造产业，专一于消费发展。例如全国大大小小的旅游风景区，主要把建设资源投向旅游消费，通过做大做强旅游业而推动当地消费中心（城市）建设，湖南的张家界市是这方面的典型代表。还有红色文化富集区，比如韶山、井冈山、瑞金、延安等中小城市，已经把自己定位为红色文化旅游区，通过开发研学旅行产业而壮大地方经济。作为中小城市，发展资源有限，无论是所能够投入的资金、劳动力规模，还是有竞争力的产业项目、生产技术等都很有限，难以做到生产和消费并重，故取其一，在进一步做好特色消费定位的基础上，有可能实现专业化发展，取得类似企业"小巨人"那样的发展地位。① 相关的例子还包括大学城的建设，以发展专业性的高等教育消费为主；医疗中心建设，以求医问药消费为发展导向；体育城，专注于某项或者某些体育运动消费，如河北张家口，主营冬奥项目。专业性中小消费中心城市能够得到发展的原因还在于当前中国的生产制造业已经

---

① "小巨人"概念最初出现在制造业中，是指专注某一行业，在细分行业排名靠前、专业化强、管理精细、有特色、有创新的中小企业，"专精特新"是"小巨人"企业的典型特征。

高度发达，基本消费品已经严重过剩，对于这些中低层次消费品，小城市没有必要生产，也无力竞争，但可以发挥对其消费的功能，通过补足消费服务短板，构建消费场景，在促进消费品销售、消费中获得消费经济增值。而对于高层次的制造，专业性消费中心城市不如避短扬长，予以放弃，这就是专业性中小消费中心得以形成的逻辑。专业性消费中心几乎完全剥离非消费经济功能，促进了专业性消费的区域发展，在消费细分领域更容易有针对性地谋划高质量发展蓝图，并且将区域消费本地化和全球化做到极致。比如湖南张家界的旅游消费既是本地化的，也是全球化的。

三 偏远中心城市生活消费功能强化

偏远中心城市发展正在回归相对单纯的生活消费功能。国家支持中西部建设，近年更多发展偏远地区的生态功能、战略资源培育功能和人居消费功能，以服务全局为导向，以转移支付为手段，支持这些地区的中心城市发展。比如一些地处偏远的县城、穷乡僻壤地区工业经济发展条件差，几十年来通过劳动力转移，走出了一条通过打工收入补充当地经济发展的成功之路。当前中国许多偏远县城生产制造产业规模很小，仅具备就近供应能力，对外没有竞争优势，但消费经济并不疲弱，当地消费，尤其是基本消费、特色消费，是外地所不可替代的，甚至物价水平有赶超大城市、中心区域之势。偏远县城消费中心虽然专注于不创造物质财富的消费经济，但这并不意味着其不创造精神和文化财富，通过提供教育、医疗、住房、旅游设施，带动相关投资、创业、就业、创新，消费也能带来经济增值，解决相当一部分人的就业，同时也有利于当地乡镇的农产品销售。不仅仅是县域，甚至在省域，在一些偏远的省区，连省区一级城市和地市一线城市都在向纯粹的消费经济转型，因为这些地方生产发展的条件差，介入制造业的环境代价大，国家主要通过赋予这些地方生态发展的国家战略功能支持其发展，这意味着其不以生产为主要任务，经济发展更多依靠消费经济。比如省会城市拉萨，发展资金主要依靠国家投入，财政支出的绝大部分依靠国家转移支付，当地的富民产业或者说经济的自我发展部分主要是旅游消费产业和居民日常消费服务。部分偏远地区消费中心正在从芜杂的经济门类中逐步退出，走高质量发展之路，专注绿色、共享发展，借助生活消费、特色消费、生态消费、历史文化消费等，不仅促进本地化消费经济发展，还能够成功吸引外来消费。

四 跨国中心城镇边境消费活跃

跨国中心城镇发挥着专门的边境消费功能。在中国日益走向世界中心的过程中，融入国际市场，然后，崛起为世界性制造大国，产业层次不断提高，中国也成为亚洲经济中心，不仅与周边国家和地区，更与世界各大洲经贸往来密切，以互市、边贸、跨境消费为主要功能的边境消费中心慢慢崛起。中国陆路边境线长，一条条边境带也是一条条边贸经济带。在这些边境区域，中国与周边国家和地区人民你中有我、我中有你，消费经济一片繁荣。同时，中国对周边国家和地区的资源整合能力、经济协调能力、支持扶助能力的不断增强，中国跨国跨境中心城镇建设的力度不断加大，而且为了帮助周边欠发达国家和地区与中国进行贸易对接，中国还援外修建了大量陆路基础设施，如中国帮助尼泊尔建设了包括公路、电力在内的跨境基础设施。如今在中尼边境的樟木、亚东等城镇，边境消费旺盛，既带动了中国对南亚的出口和南亚对中国的出口，还帮助当地群众增收，地方农副土特产品供不应求。同时，跨国消费中心每年吸引的大量游客还带动了餐饮、交通、旅馆等消费，有力地促进了当地经济发展。跨境消费的发展改变了中国偏远边境地区经济发展现状，促进了这些地方经济的发展，很多小城镇有着"小上海"之称。总体来看，跨国消费中心分布于偏远的边境线上，正因为偏远而拥有境内外广阔的消费腹地，并且成为相邻国家对外开放、国际协作交流、旅游消费的桥头堡，具备空间排他竞争力。同时跨国消费中心也带动了边境地区发展，促成相关地区生产经济向消费经济转型，促进了本地可持续发展，并将偏远的边境区域带入全球化发展框架。

第四节　消费中心未来影响

消费中心，尤其区域性、全国性、国际性消费中心将进一步改变中国国内经济发展版图，显然中国经济发展版图之改变，也会对世界经济格局产生影响。这是一种内涵式扩张影响，以空间为路径，仍然是消费中心的区域竞争、区域经济转型、区域高质量发展、本地发展内涵在发生作用。

一 全国经济将借助消费中心而更加区域平衡

中华人民共和国成立初期，中国为了发展生产，改变"一穷二白"的落后面貌和实现民族自立，更多地发展了基础性重工业和军事工业，由此形成了工业发展区域和农业发展区域的不平衡。即便是当时的沿海区域，如果没有工业基础，也一样贫穷，比如当年深圳还只是一个小渔村。同时通过"三线"发展，中国一些传统意义上的边远区域因为有了工业基础，发展超过了中心区域，这形成了"三线"发展区和一般发展区的不平衡。改革开放以来，中国更多发展了外向型生产制造产业，这些产业主要在城市和沿海地区布局，从而形成了新的城乡经济不平衡、中心地区和外围地区经济不平衡、中心区域和"老少边穷"地区经济不平衡、东中西部经济不平衡。消费立足于一定的消费资源、文化和环境，而且消费层次越高，对资源充裕、空间宽松、氛围闲适的要求就越高，这为着眼于建设中高层次消费中心的乡村地区、外围地区、"老少边穷"地区带来了契机。中高层次消费更重生态环境基础，因为工业污染较少，环境条件好，生态资源丰富，这些传统欠发达边远区成了生态资源和环境消费中心区，众多消费者为享受优美环境而来，为消费生态产品而来。很多人愿意在周末到乡村度假，在工业化中进城的城市居民一到周末即回乡，退休后也将回乡定居作为养老的首要考虑，从而带动乡村旅游和农村日常生活消费。同时，这些区域受工业化冲击小，传统消费文化、地方特色消费文化保留多，社会消费氛围浓厚，更能够让人们在轻松的气氛中消费，找到消费兴趣点。因此，借助消费中心建设，经济欠发达地区迎来了发展良机，全国经济的平衡性有望进一步增强。

二 整个国民经济将借助消费中心而更加部门平衡

消费中心建设将在两个方面有利于国民经济部门平衡发展。一是在生产和消费方面，通过消费中心建设补齐消费短板。二是在生产的结构性调整方面，通过消费中心建设，拉动生产性产业转型升级。

（一）消费中心促进生产和消费平衡

改革开放以来中国主要建设了生产中心，更多发挥了生产制造的经济功能，但消费中心建设远远不够，消费长期以来是中国经济的短板。由于消费导向问题，尚存在大量未能实现的消费、被抑制的消费，居民消费还没有能够得到充分满足，潜力空间大。尤其在中高层次消费领域，很多富裕起来的人，因为国内设施水平有限等瓶颈，在本国很难获得需求满足，从而转向国外消费，既造成了中国消费资源的流失，也让中国错失了高层次消费经济发展的良好契机。生产和消费的不平衡，反过来会制约生产的发展，不仅生产出来的消费品营销受制于国外，过多供给产生的贸易不平衡导致国家间的经济纷争，从而引致巨大的生产风险。而且生产和消费的不平衡于生产制造本身也不利，提升消费基础上的劳动者幸福感、人才发展环境、创新创意氛围等对生产效率提高很有意义，但极易受到这种不平衡的负面影响。通过消费中心建设，中国能够改变生产和消费不平衡，形成生产满足消费、消费带动生产两者良性互动、共同发展的格局。

（二）消费中心促进不同层次生产部门平衡

在抗击新冠疫情过程中，世界各国越来越认识到，生产制造体系的完整性、生产发展的独立性对于确保产业安全、经济安全、国家安全意义重大。以往关于低层次产业的认识正在被修正，一些看似简单的生产环节，却是整体生产体系的基础或者不可或缺的部分，虽然没有高深的技术，但生产工艺可能并不简单，或者短期内难以重建。像中国这样的大国，要维持日常经济运转，各类生产和生活物资必须齐备，尤其在复杂的国际背景下，更需要自力更生。所以对于低层次的生产环节和产业部门，基于安全考虑，不再沿袭以往做法，一概将其向国外转移，起码要维持其本国基本的运转能力。这也意味着需要对原有的"腾笼换鸟"战略作一定程度的调整，即为了培育高端要素，发展高层次产业，可以"腾一定数量的鸟，但什么鸟都要有"。要通过消费中心建设，尤其改善收入分配，更多向低收入者倾斜，以带动中低层次消费品、基本生活消费品。同时，还要"换回一定数量的高素质鸟,尤其质优附加值高的鸟",当前,中国生产制造各部门还不平衡,中低层次占比高,高层次占比少,尤其是基础、前沿、核心、高端技术生产部门发展不够。在这方面,消费中心建设可以发挥需求拉动和本地研发、生产促进作用,通过高层次消费带动高层次消费品的技术研发、生产工艺改进和起步阶段的市场销售。

三 消费中心促进部分中西部中心城市发展提速

当前中国经济发达区域几乎全部在东部,国际性城市集中在东部,全国性的中心城市也以东部城市为主,计划经济时期全国城市发展较为均衡的格局已经完全被打破。中西部城市改革开放后发展位次滑坡大,比如像西安、郑州这样的传统发展强市,曾经在改革开放以来的很长一段时期建设步伐迟滞。东部城市往往寸土寸金,一些落后、附加值低的产业很难在城市中心区存在,而中西部一些城市看起来规模大,但经济实力不强,低层次产业迟迟不能够从城市中心退出。这从房地产消费可以看出端倪,有的城市看起来新城规模大,但却是少有人居住的"鬼城",中心城区充斥着"脏、乱、差"的低层次产业,城市空间利用率低、浪费严重。但这从另一方面也说明中西部城市并不缺乏消费经济发展所需的空间,这些城市特色消费、传统文化消费也不输于东部地区,甚至因为受工业化影响小,生态、民族和地方文化消费设施供给能力强,项目丰富,而能够获得消费中心的大发展。其实,中西部城市走消费中心发展之路早已有成功先例,比如作为旅游消费中心的昆明和作为休闲消费中心的成都。在生产制造业不断向东部聚集的年代,很多中西部区域工业生产迅速萎缩,一些城市维持经济发展的主要动力是消费。这些区域无论是城市居民还是农村居民都大批向东部流动,将获得的打工收入寄回原籍,照顾家庭,教育孩子,而促进消费经济发展。通过消费中心建设,中西部地区有望获得来自东部地区和全国,乃至世界的更多消费资源,从而加速区域发展。

四 消费中心是东部经济发展的可能潜力空间

毫无疑问,消费中心将是东部经济发展的重要潜力空间,在多年生产积累的基础上,东部城市亟须补充消费功能的不足,也有能力多消费、高消费,但消费中心在东部的布局不大可能像当前生产中心那样密集。原因是消费以文化为基础,以特色为吸引力,以生态环境为载体,追求轻松、闲适和人性化,而不是像生产中心那样追求效率、规模,需要高度集中和机械化。在当前的东部区域,伴随着改革开放以来生产大发展,生产经济一片繁荣,早已经形成了快节奏的工业文化,而消费是一种生活,尤其是慢节奏生活,工业条件下不一定能够营造出有利的消费意愿。在广州和深圳这样的大城市体验就会发现,人们工作的节奏快,就连日常的行走步伐也迈得快,在老工业区很难构建以休闲为代表的消费情境。因此单独从文化上看,这里已经是高效率快节奏生产文化,很难扭转为轻松慢节奏消费文化。此外,这里的人们追求更多的生产价值,而不是休闲消费价值,甚至过多休闲和消费在这里不被认同,甚至被认为"偷懒""好逸恶劳"。还有更加重要的一点,东部区域空间已经高度拥挤,要素利用接近极限,特别是在碳达峰碳中和目标下资源环境承载压力大,这导致东部消费空间的扩展可能性有限。还有个性方面,东部已经高度发达,区域一体化程度高,现代工业文明正在一统各地文化,区域之间文化同质性越来越强,这恰恰不利于构建特色消费。同时,东部区域也没有必要过多发展消费中心,因为国家还需要保持完整的工业生产体系,工业技术还需要不断进步,生产制造作为国民经济基础的地位不可动摇,生产制造立国也是中国的长期战略目标,可以把消费中心建设任务更多地留给中西部,促进全国共同发展和共同富裕。一方面,东部继续保持和发展生产制造功能,为全国以及中西部提供更坚实的经济基础,包括消费品供应、可支配收入分配等;另一方面,制造业并非中西部发展所长,融入国际生产体系需要更多借助航运,世界海洋经济的基本格局还没有改变,中西部处于内陆区,应避短扬长,通过进一步建设消费中心,加速推动其发展。

五 消费中心促进"老少边穷"和欠发达区域经济增长极形成

消费中心建设将进一步加速"老少边穷"和欠发达区域经济增长极的形成。增长极的形成是区域经济协调发展的一个重要表征,是区域经济更上一个台阶的重要标志，因为增长极打破了一个区域经济分散、杂乱、群龙无首的局面，区域通过走向整合而凝心聚力，实现系统发展、共同进步。在改革开放以来长期的生产经济竞争中，中国许多"老少边穷"和欠发达地区因为生产制造业发展条件有限，各自很难集聚成自己的中心发展区，经济有量的增长，却没能实现质的突破，在区域层面无法形成整体合力。而消费经济的发展条件与生产制造经济发展条件存在很大差异，这些区域具备生态、旅游、特色、文化类消费发展优势，通过建设消费中心，发展消费经济，能够加速资源要素聚集，汇集更大区域发展新动能，从而在已有生产经济发展基础上，加入消费经济发展新动能，最终突破中心聚集的规模阈值，形成核心增长极。

伴随中国经济不断发展，经济转型升级的内涵也在发生深刻变化，以往更多发生在微观和中观层面，如微观企业技术进步，转变经营方式，尤其是中小企业扶持和国有企业改革。中观产业由劳动密集型向资本密集型、技术密集型升级，工业向服务业转型，工业服务业向信息化转型。而当前则是在宏观大调整层面，比如生产向消费转型，由国际生产中心向国际消费中心转型，不仅在供给端推动世界经济增长，更在需求端进一步促进世界发展。消费中心无疑将是中国经济未来发展的重要依托，是中国各区域、省域、地域、县域重要竞争点，更是中国进一步改变世界、世界发展受益于中国发展的重要驱动因素。消费中心已经在改变中国经济发展版图，区域性中心城市的功能正在分离出生产和消费功能，专业性中心城市正在进行生产和消费的分化，偏远地区中心城市的功能正回归为相对单纯的生活消费功能，跨国中心城镇正在形成专门的边境消费功能。消费中心还将继续改变中国经济发展格局，如全国经济借助消费中心而更加区域平衡，整个国民经济将借助消费中心而更加平衡，部分中西部中心城市将借助消费中心而加速发展，消费中心是东部经济发展的潜在空间，消费中心建设加速"老少边穷"和欠发达地区区域经济增长极的形成。由消费中心建设而引致的中国经济版图之改变，也会对世界经济格局产生影响。一批国际性消费中心在中国的崛起，世界消费中心向中国的大转移，新的以需求拉动为特征的经济转型和升级时代正在到来。

本章小结

建设消费中心，尤其是国际消费中心（城市）和区域消费中心（城市）是中国新时期发展消费经济、促进内需、畅通国内经济大循环和国内国际双循环的重要举措。消费中心建设是具有中国特色的理论命题，有着独特的区域竞争、区域经济转型、区域高质量发展和本地化发展内涵。

第二章 从生产中心到消费中心

从国内来看，在供给短缺时代，生产经济发展任务迫切，中国由此培育建设了一批生产中心。随着告别供给短缺时代，一般物质条件大为改善，经济从温饱型向小康型转型，如何更好满足人民的需求成为重要的经济命题，因而需要培育建设一批高水平的消费中心。从国际来看，中国也是世界的中国，中国的消费也是世界的消费，随着中国影响力的不断扩大，不断走向世界舞台中心，国外居民来华消费有可能出现井喷式增长，潜力巨大，建设国际消费中心，正是紧抓机遇谋求消费经济发展的重要举措，其发展意义丝毫不亚于改革开放初中国生产制造全球化给中国各地经济带来的影响。可以预计的是，随着中国消费的全球化，如同曾经一批国际生产中心在中国建立，未来一批国际消费中心也会在中国崭露头角。因而需要理解生产中心与消费中心变迁的历史背景与变动脉络。

第一节 从生产中心到消费中心转型的实践背景

消费中心与生产中心协调事关中国高质量发展和新发展格局构建。[①]党的二十大报告强调，要"着力扩大内需，增强消费对经济发展的基础性作用"[②]。商务部等14部门印发《关于培育建设国际消费中心城市的指导意见》（商运发〔2019〕309号）提出，要利用5年时间，指导基础条件

---

① 周勇：《在区域共同发展中推进"国内大循环"》，《江西社会科学》2021年第6期。
② 习近平：《高举中国特色社会主义伟大旗帜 为全面建设社会主义现代化国家而团结奋斗——在中国共产党第二十次全国代表大会上的报告（2022年10月16日）》，人民出版社2022年版，第29页。

好、消费潜力大、国际化水平较高、地方意愿强的城市开展培育建设，基本形成若干立足国内、辐射周边、面向世界的具有全球影响力、吸引力的综合性国际消费中心城市，带动形成一批专业化、特色化、区域性国际消费中心城市，使其成为扩大引领消费、促进产业结构升级、拉动经济增长的新载体和新引擎。[①]《中华人民共和国国民经济和社会发展第十四个五年规划和2035年远景目标纲要》提出，培育建设国际消费中心城市，打造一批区域消费中心。[②] 中国居民消费占GDP的比重远低于美国、日本、韩国等发达国家，这也说明中国经济还有非常大的消费经济增长空间。[③] 随着商务部等14部门印发《关于开展国际消费中心城市培育建设工作的通知》（商消费函〔2021〕344号），在国家层面，上海、北京、天津、广州、重庆五个城市开始试点国际消费中心城市。而在地方层面，各省区消费中心（城市）建设热潮更是高涨，据不完全统计，包括深圳、武汉、杭州、成都、西安、郑州、南京在内的20多个城市都有消费中心城市建设的计划。[③] 但不容忽视的是，中国各大城市消费中心建设有其生产发展背景。

改革开放以来，中国城市，尤其是大城市主要是以生产制造为基础获得大发展，随着经济扩张、人员拥挤、环境恶化、通勤困难、人居条件下降、空间效率降低，许多大城市已经不堪重负，再大幅增加消费中心功能，势必进一步加重业已沉重的"城市病"。而且，几十年的发展实践、近年来外部环境的复杂变化、成功抗击新冠疫情的经验不断证明，工业制造业不能丢，中国必须继续走制造强国之路；中国已经建成世界上门类最齐全的工业体系，下一步还要继续升级水平，由中国制造向中国"智造"升级。这意味着，中国由工业发展而来的资源、环境和空间紧约束不但不会整体缓解，还会强化，同时进一步发展消费也会带来新的资源、环境和

[①]《关于开展国际消费中心城市培育建设工作的通知》（商消费函〔2021〕344号），2019年10月25日，中华人民共和国中央人民政府网（http://www.gov.cn/xinwen/2019-10/25/content_5444727.htm）。
[②] 季松：《消费时代城市空间的生产与消费》，《城市规划》2010年第7期。
[③] 刘志彪：《利用和培育国内市场问题的研究》，《学术研究》2019年第10期；张斌、邹静娴：《中国经济结构转型的进展与差距》，《国际经济评论》2018年第6期。

空间负载。继续布点建设消费中心是否有违制造强国的基本发展导向，生产中心和消费中心之争应引起关注。

经济原理不断启示，实践经验一再表明，供给和需求需要平衡，生产和消费需要同步发展，国内外贸易需要平衡，过高的国际收支落差不利于经济可持续发展，刺激内需，稳定外需，扩展消费也是既定的基本发展策略。应该说，真正的问题不是要不要既发展生产中心又建设消费中心，而是应该明确，中国既要发展生产中心也要建设消费中心，关键是如何看待两者的对立统一关系，同时采取有效的协调措施，化解矛盾。本节围绕生产和消费之争，立足发挥宏观经济拉动和推动作用，研究生产中心和消费中心如何构建协调关系，形成统一机制，更全面有效地服务新发展格局。

第二节　从生产中心到消费中心转型的理论背景

消费是社会再生产过程中的一个重要环节，也是最终环节。它是指利用社会产品来满足人们各种需要的过程，又分为生产消费和个人消费。前者指物质资料生产过程中的生产资料和生活劳动的使用和消耗；后者是指人们把生产出来的物质资料和精神产品用于满足个人生活需要的行为和过程，是在"生产过程以外执行生活职能"。它是恢复人们劳动力和劳动力再生产必不可少的条件。[1] 本节研究的消费主要是个人消费。与本节相关的文献主要有三方面。

一是消费中心转型研究。基于发展现状，学术界认为中国还未完全进入消费社会，但是种种迹象表明中国正在经历着一场影响深远的消费革命，尤其是经济发达地区日益与世界接轨，消费发展已经非常接近西方发达国家水平；一些大中城市也正在由工业中心和生产中心向文化中心和消费中心转型。季松认为，中国城市经历了空间中的生产与消费向空间本身的生产与消费的转变。[2] 付敏杰指出，城市既是生产的中心，也是生活和

---

[1] 宋健林：《马克思时间视域中的西方消费主义批判》，《思想教育研究》2019 年第 6 期；刘飏：《消费主义视阈下我国面临的环境困境及其出路》，《广西社会科学》2016 年第 12 期。

[2] 季松：《消费时代城市空间的生产与消费》，《城市规划》2010 年第 7 期。

消费的中心，世界上大城市群，往往也是世界最主要的消费中心，城市的生产功能和消费功能平衡发展，比如以土地制度改革为核心，全面控制生活成本和生产成本，推动城市宜居宜业。① 王念祖、王育民提出，发展文化产业是促进后工业时代城市生产与消费转型的重要手段。② 毛中根等实证发现，长三角城市群工业化率对当地消费水平有正向影响。③

二是经济空间研究。经济空间是人类社会空间在经济维度的抽象与具象，是经济发展的基本前提和基础条件，没有空间的人类经济活动是不可想象的。④ 经济空间理论从属于西方空间经济学，其发展大致可分为三个阶段，第一阶段是19世纪初期到20世纪40年代前后，这一阶段主要是对不同产业、企业的区位选择以及交通、劳动力、集聚等影响因素进行规律性研究，形成了经典的区位理论；第二阶段是20世纪40年代到80年代，研究的重点转向了区域总体空间架构与形态，开始探索空间中各主体的优化组合，从以前主要考虑经济因素转向了注重社会、环境、行为、信息等因素的影响，逐渐发展为区域空间结构理论；第三阶段是20世纪80年代至今，区域经济空间结构理论发展为新空间经济学，研究的重点立足于空间、贸易、集聚的分析，引入数学模型并进行计算机模拟实证分析。国内对经济空间的研究缘起于20世纪80年代，进入21世纪后逐步形成热点。⑤ 已有相关经济基础理论，包括新经济地理理论、集聚经济理论、新贸易理论、空间相互作用理论、空间结构理论等，以及国内相关应用研究能够有效支持本节的分析。值得更进一步说明的是，随着互联网和数字技术发展，经济形式进一步分化为线上和线下，经济空间也由此分化成线上空间和线下空间，其中线上空间主要为数字化虚拟空间，线下空间主要是传统的地理或者实体空间。以店铺为例，现在既有实体店，也就是传统店

---

① 付敏杰：《全球视角的高质量城市化及中国的公共政策取向》，《社会科学战线》2021年第8期。
② 王念祖、王育民：《我国台湾地区历史文化街区更新再造模式与策略研究——以台北大稻埕为例》，《中国海洋大学学报》（社会科学版）2021年第3期。
③ 毛中根、武优勐、谢迟：《长三角城市群消费水平空间格局及其影响机制》，《经济地理》2020年第12期。
④ 孙浩进：《论经济空间结构的理论维度》，《学术界》2021年第4期。
⑤ 袁红：《商业中心区地下空间属性及城市设计方法》，东南大学出版社2019年版。

铺，也有虚拟店，如淘宝上的众多电商门店。反映在消费领域，当前线上线下消费分化加速，线上消费方兴未艾，为拓展和经营好消费空间，需要线上线下融合发展。①

三是消费与生产的空间适应性研究。经济空间竞争是经济空间适应性分析的重要内容，研究生产和消费的经济空间适应性有两种视角。第一种是基于某类产品或者经济活动，研究生产和消费在空间内的适应性。比如张永生等分析了中国现有能源生产结构和消费结构，认为如果处理不好能源生产、消费的空间结构性关系，国家发展将会受到严重制约。②余慧容、杜鹏飞对京津冀地区消费端的耕地需求及供给来源进行分析，并将其与生产端的耕地资源进行对比，探讨不同情景下的耕地生产消费均衡，发现京津冀地区主要依靠外省份的贸易流入来维续其自身的耕地生产消费均衡；东北平原、黄淮海平原和甘肃新疆粮食主产区为京津冀地区的主要外省份耕地供给源；在贸易不设限的常规情景下，该地区耕地生产消费将处于依赖贸易下的紧平衡状态，其对外省份贸易供给的依赖度将进一步加大；在贸易设限的情景下，该地区耕地生产消费均衡将受到威胁；保护耕地资源及完善消费结构是应对贸易冲击的关键举措。③段健等分析了青藏高原粮食生产和消费的空间变化特征，发现青藏高原粮食生产与消费空间分布不均衡，粮食生产呈环形分布在青藏高原东部湟黄谷地、藏东和藏南沿江河谷地带，中部和西部粮食产量较低，粮食消费呈东高西低格局；本地粮食生产不能满足居民消费需求。④何友、曾福生分析了中国各省级行政区粮食生产和消费的空间格局，发现粮食生产和粮食消费的空间匹配性在不断下降，空间布局和粮食利益矛盾进一步加深，区域利益矛盾激化，给新时期粮食储备、粮食调配、粮食多样化供给等方面带来挑战，需要各区域主

---

① 王勇、靳开元、张玮艺等：《数字信用与在线社交对共享经济发展的影响——基于线上二手商品市场的分析》，《数量经济技术经济研究》2023年第1期；马玥：《数字经济对消费市场的影响：机制、表现、问题及对策》，《宏观经济研究》2021年第5期。

② 张永生、董舵、肖逸等：《我国能源生产、消费、储能现状及碳中和条件下变化趋势》，《科学通报》2021年第34期。

③ 余慧容、杜鹏飞：《京津冀地区耕地资源生产消费均衡分析》，《生态经济》2022年第8期。

④ 段健、徐勇、孙晓一：《青藏高原粮食生产、消费及安全风险格局变化》，《自然资源学报》2019年第4期。

体明确责任，完善粮食流通体系，实现省际合作，建立区域粮食利益协调机制，实现区域粮食的合理配置，有效保障粮食安全。① 罗怀良基于重心模型，分析了中国粮食生产重心与消费重心移动方向、速度、距离等演变特征，及两者的空间耦合关系，发现 1995—2012 年中国粮食生产、消费重心皆位于地理重心偏东方向，粮食供需空间分布具有明显空间差异性；粮食生产重心移动距离明显大于消费重心，生产空间格局相对更加不稳定；粮食生产与消费空间重心距离以 2000 年为界表现为先降后升，供需空间匹配性总体下降；无论是移动距离还是移动方向，两者变化与阶段性的国家经济发展、粮食生产促进、食物消费引导等管理政策基本吻合。②

第二种是基于特定场域，包括特定国家、城市、地区，研究生产和消费的综合适应性。如肖蓉等以南京新街口为例对城市生产—消费均衡进行分析，发现传统城市是顶层设计下的空间生产机器，在特权消费与大众生产之间维持着精妙的平衡，商业则是这一复杂系统中的辅助性制度设计；近代城市工业化转型破坏了这一系统，但受地缘政治、工业基础等多因素影响，并未能在工业生产与居民消费之间重建平衡，商业空间发展两极分化；现代城市通过制度干预，重建商品生产供给与消费需求之间的均衡关系，商业空间发展逐渐回归市场机制与公共政策的双重调节，并出现中心极；在当前大众消费需求日趋分化的趋势下，应从等级设定、规模预测、区位选择、主体特征以及空间组织等方面科学规划城市空间。③

中国在国家层面提出建设消费中心的时间还不长，地方层面大约在 2010 年后④，国家层面展开实质性行动大约在 2016 年后，以 2016 年《国务院办公厅关于进一步扩大旅游文化体育健康养老教育培训等领域消费的意见》、2018 年《中共中央 国务院关于完善促进消费体制机制 进一步激发居民消费潜力的若干意见》、2019 年《国务院办公厅关于加快发展流通促进商业消费的意见》等文件出台为标志，进一步明确了培育建设国际消

---

① 何友、曾福生：《中国粮食生产与消费的区域格局演变》，《中国农业资源与区划》2018 年第 3 期。
② 罗怀良：《国内农业碳源/汇效应研究：视角、进展与改进》，《生态学报》2022 年第 9 期。
③ 肖蓉、阳建强、李哲：《生产—消费均衡视角下城市商业中心演化研究——以南京新街口为例》，《城市规划》2016 年第 1 期。
④ 周勇：《中国消费中心空间发展：动力、扩张及路径》，《求索》2022 年第 5 期。

费中心城市的重点任务。相对于建设实践，中国消费中心研究则更为滞后。现有文献还存在着诸多不足，本节拟从三个方面作出创新探索。一是在生产中心与消费中心的关系中深化对消费中心城市的认识，在以往零散讨论的基础上，进行专题研究，尝试形成系统分析框架。二是中国从生产角度研究一般工业、服务业经济空间的文献较多，从消费角度研究城市经济空间的文献也有不少，但从生产和消费平衡角度研究经济空间，尤其是经济中心空间的文献则远远不够，本节拟就此作出深入探索。三是探讨消费中心与生产中心的经济空间竞争，属于区域经济研究，同时结合具体产业、产品或者经济活动，分析区域发展策略，综合了上述消费与生产的空间适应性研究的两种视角。研究生产、消费空间适应性的文献虽然还不多，但从中可以看出，随着中国由生产大国向消费大国转变[①]，生产和消费协调被提上了议事日程，这一议题将会越来越受关注。目前相关文献主要从一般经济活动层次如产业、产品、场域等，讨论生产和消费的空间协调，较少从极化、中心—外围层次，尤其是经济中心层次，讨论生产和消费空间协调。已有文献包括周勇[②]的文章，但这些文献也只是零散碎片化地论及生产中心和消费中心协调发展问题，本节拟弥补系统论述文献的不足。

第三节 消费中心与生产中心的经济空间统一

消费中心和生产中心的空间统一有其内在逻辑，两者功能上存在固有联系。供给和需求构成完整的经济体系，生产与消费整合才能实现完美的生产与再生产，而人们日常的生产和生活活动范围总是有限的，地理交通总是存在成本，包括物质成本和服务成本、市场成本和交易成本，尽管设施条件不断改善、技术水平不断提高，但地理交通的障碍和瓶颈总是在一定程度和范围内存在。通过进行合理的空间分工，在一定的地域内实现供

---

① 毛中根、洪涛：《从生产大国到消费大国：现状、机制与政策》，《南京大学学报》（哲学·人文科学·社会科学版）2011年第3期。

② 周勇：《发挥社会工作在乡村振兴项目建设中的作用》，《社会工作》2021年第4期；周勇：《中国特色的消费中心：从理论到实践》，《深圳大学学报》（人文社会科学版）2023年第1期。

给和消费的一体化，有其必要性，且有可能性。

一 生产中心的就近消费

生产中心的人员需要就近消费。运输成本是影响人类经济活动区位决策的重要因素之一。在《孤立国同农业和国民经济的关系》一书中，德国经济学家杜能将运输成本作为区域地租的影响因素，他将因距离城市远近而形成的地租差异作为影响农业区位的主要因素，包括对农业土地利用方式以及生产专业化水平的影响。杜能认为运输成本和运输距离、运输重量呈现正向相关关系。① 运输服务过程中付出的各种成本代价，例如时间成本、货币成本等，特别是时间成本，对于旅客运输以及高价值货物运输而言十分重要。② 生产中心的生产者、居民、商务白领、创新人员、投资者等人员需要就近相应地消费。在经济的社会化方面，先是生产的社会化，即更多地通过社会生产满足家庭消费；而后是消费的社会化，随着生产成果越来越多，交换越来越多，产生更多的收入用来社会消费，即消费更多由家庭内转向社会。生产和消费都是人们日常的活动，而且需要就近配套，很多情况下，生产者即是消费者，消费者又是生产者。生产中心的人员为满足需求而需要进行多种消费。

一是日常生活需要就近基本消费。人们通常边生产边消费，一天有较为固定的生产时间，并形成一定的工作时间制度，如 8 小时工作制。也有较为固定的消费时点，如正常的作息时段，早、中、晚餐的安排。生产中心的人员为了日常衣食住行等需要基本消费，基本消费是持续工作所必需，一般需要就近补给，近距离安排。

二是工作之余需要就近消遣消费。工作越繁忙，越需要有消遣，压力越大，越需要放松，为消遣和放松需要休闲消费。对于生产中心的人们而言，一般的休闲和日常消费地不能距离工作地太远，不能因为路途时间长而耽误工作，更不能因为远途日常消费而加重消费负担。比如休闲消费是

---

① [德] 约翰·冯·杜能：《孤立国同农业和国民经济的关系》，吴衡康译，商务印书馆 1986 年版。
② 王浩宇、王永杰：《基础设施工具理性的缺陷及其价值理性的回归》，《中国人民大学学报》2023 年第 1 期。

为了轻松，缓解压力，如果消费距离过长，反而会让休闲变成紧张的长途跋涉。

三是为工作联络需要商务消费。生产中心的人们为了商务沟通需要进行商务消费，一个订单协议的达成不仅是生产协作关系的建立，而且是人情关系的搭建、信任关系的建立，通过一定的商务消费更能够有助于工作联系的形成。为协调工作和商务消费，商务中心和休闲设施往往紧挨着，星巴克品牌就是瞄准了这种商机，往往在写字楼的过道空隙处营业，让商务人员随时随地可以坐下来轻松洽谈。

四是为创新创意需要就近休闲消费。创新创意是高强度的脑力劳动，相关专业人员需要身处一定的宽松环境，休息好，有美好生活体验；同时高强度脑力劳动的人往往身体运动量不足，所以脑力活动和体力活动需要协调，补充运动消费。研发、创意几乎与休闲、运动共生，研发中心和运动休闲中心往往紧挨着，休闲中心相比办公室可能更有利于创意人员出成果、研发人员搞革新。

五是为照顾身体需要就近医疗消费。人对身体的维护终其一生，尤其在生产中心，高强度劳动极易对人造成损耗损伤，无论是精神创伤还是生理创伤，所以生产中心离不开生理医疗和精神治疗等健康消费。而且治疗需要及时，一旦生病或者工伤就需要及时去医院。对于日常小病小痛，更要求就近医治，如果距离太远，人们可能会在权衡医疗交通成本和所认为的治疗成效后，选择不治疗，从而耽误病情。医疗服务条件差不利于生产工作。

六是为技能提高需要就近培训消费。随着现代生产技术水平的提高、生产复杂化，生产中心对人们劳动技能的要求也越来越高。而且技术更新速度在加快，劳动者需要不断学习新技能，以往一技养一人越来越不现实，变得只能养人一时，为保证不被淘汰，劳动就业群体需要不断进行人力资源投资，培训消费占据了人们越来越多的消费份额。在工作之余"充电"已经成了大城市许多年轻人的生活常态。既然是工作之余，时间有限，距离就不能太远，因而需要就近获得培训服务。

七是为抚养后代需要就近教育消费。生产中心的雇员有家庭，有小孩，需要履行培养下一代的义务，如果中小学校离生产中心太远，将使雇员花费大量时间接送小孩，不利于其工作。当前，许多城市之所以以生产为中心，与大量生产人员家庭需要照顾、小孩需要上学紧密相关。往往能够解决小孩上学的企业更有人才招揽吸引力，没有高质量教育配套设施的生产基地较难留住年轻人才。

二　消费中心以生产中心的收入为支付基础

消费者需要生产中心提供就业收入。收入是消费的基础，没有稳定的收入就没有稳定的消费，没有较高的收入就难以高档次地消费，消费中心需要生产中心提供劳动报酬机会。当前，一些城市区域有不断向消费中心发展的趋势，比如县城、乡镇。一个地方之所以能够以较为单一的消费经济发展下去，主要通过两种方式。一种是外向外源方式，即利用消费服务的经济造血功能，吸引外来消费，促进本地消费经济发展，其中"外向"是指基于外来消费人群，"外源"是指消费支出外来。另一种是内向外源方式，即本地人员在外地生产中心就业，但所获得的外地收入被寄回老家，用作本地消费，用于促进本地消费经济发展，其中"内向"是指基于区内消费人群，"外源"是指消费支出是外来的，尤其来自区外生产中心，典型如打工经济。打工经济是一种特殊的经济形式，通过劳动力流动，实现打工者和家庭远距离分隔，打工者生产和家庭消费的远距离分离，本地和异地相结合，生产中心和消费中心分置。更普遍的形态是近距离的同地分区，如城市生产区和消费区之间、城乡之间、城郊之间、大城市和卫星城之间。无论是哪种方式，消费经济对发展的促进作用都是有限的，即发展消费服务业尽管也能促进经济增长、增加就业机会和劳动收入，但消费必须以生产为基础。一个经济体要全面而持续地发展，需要更多通过生产中心产生劳动收入、生产出劳动成果，供消费中心消费，因而消费需要"生产"，消费中心需要"生产中心"匹配，生产中心和消费中心之间需要统一。而且最理想的是邻近统一，即一个区域或者城市既有生产中心也有消费中心，毕竟劳动力跨区域转移、两地分居会造成众多经济、社会负面影响，不利于经济高质量发展和生活水平提高。

三　消费中心需要生产中心配套

消费品及时就近供应需要生产中心配套。尽管现代交通解决了大部分物品的长途运输问题，但这种解决终究只是缓解，问题不可能完全消除，成本、运输时间仍然一定程度上制约消费品长途供应。远距离供应导致物流成本提高，并带来货物一定程度的损耗，对生产者和消费者而言都增加了成本，抬高了消费品价格，最终制约市场需求。同时，从保鲜、及时响应消费需求的角度来看，就近生产供应更有优势，尤其对于一些生鲜产品，消费者需求近乎即时，如一些消费者喜欢在"农家乐"消费，这是因为农业生产中心提供了原生态、地道的生鲜供应。湖南人喜欢"鱼吃跳"，养殖地鱼塘和餐馆就建在一起。还有广东人爱吃新鲜海鲜，经营者常常在海边甚至海上开餐厅，生产中心和消费中心合二为一。还有一些地方特色消费，主要基于当地自然资源禀赋，如地方土菜消费，所用食材，甚至食具都来自当地，需要当地生产。又如民俗和非物质文化消费，当地生产设施即研学、观摩消费基地。因此在一定程度上，消费品还需要就地生产，将生产中心和消费中心截然分开，尤其相隔较长的空间距离，并不可行。另外，对于一些特色化、专业化消费中心，其之所以能够特色化、专业化，是因为相关工业提供了直接的基础，也就是说，生产中心是消费中心形成的直接原因。就以久负盛名的四川自贡灯会为例，四川自贡灯会拥有"天下第一灯"的美誉，其灯会消费很有吸引力，自贡以其较为发达的灯饰制造工业为基础，将灯饰制造和灯饰消费相结合、生产中心和消费中心相结合，共同成就了自贡灯饰产业的辉煌。

第四节 消费中心与生产中心的经济空间对立

生产、分配、交易、消费对于经济体而言，任何一个环节都不可或缺，所有环节的同步发展才可能使经济全面发展。一个全面发展的区域或者城市不仅要建设生产中心，还需要建设消费中心。尤其是中国当前正加快建设现代化经济体系[①]，两者往往彼此支撑、相互依存。但全面发展往

---

① 习近平：《高举中国特色社会主义伟大旗帜　为全面建设社会主义现代化国家而团结奋斗——在中国共产党第二十次全国代表大会上的报告（2022年10月16日）》，人民出版社2022年版。

往带来规模扩张、资源竞争压力加大的问题。无论是消费中心还是生产中心，都需要占用空间资源，包括空间中的自然资源和社会资源，不仅仅是土地、矿产等自然资源，还有资本、资金、劳动力等经济资源在一定的空间中也很稀缺、有限，两者不加区分均全面建设必然造成资源紧张。生产中心和消费中心的建设都需要占据排放空间，排放过多则会引发空间环境危机。在资源环境约束和区域要素总量限制下，消费中心与生产中心不可避免地产生经济空间对立。

一 土地之争

城市的土地面积有限，而且越是中心城区地价越高，用地矛盾越难协调。对于城市中心低层次的生产制造设施，现代城市规划者比较容易处置。关于城市经济发展的服务业化也已经取得广泛共识，但服务业分为生产服务业和生活服务业，前者对应生产中心，后者对应消费中心。围绕城区土地，生产服务业和生活服务业之争一直以来比较激烈。生产服务业如大企业的总部、大的金融机构、大学和科研院所、设计中心、物流中心，它们是生产经济的高端部分和引领者，往往以庞大而强劲的生产制造业作后盾，话语权大、影响力强；而生活服务业代表了广大居民和消费者的诉求，但一般而言，该领域的投资者、从业者、经营管理者实力远不如生产部门强大，话语权小，影响力弱。换言之，生产服务业背靠生产制造型大企业或者体系庞大的实体经济群，这些大企业或者大企业组织以庞大的产业链体系和巨大的产能为基础，且行业集中度高，有规模优势、实力强劲，往往也是纳税大户；而生活服务业以中小企业为主，存在着大量小微企业，不仅规模小而且行业分散，需要政策扶持，并非创税大户。所以围绕中心城区土地之争，很可能不是依据产业体系协调、配套效益标准解决问题；部门利益、私人利益、眼前利益可能损害整体利益、集体利益。当前，中国许多城市，尤其是二线、三线、四线城市，之所以会产生经济社会功能紊乱的问题，土地规划配置不当是首要原因。如果没有一定的政策扶持，消费中心往往在土地之争上不敌生产中心。

二 基础设施之争

为发展专业化、专门化的消费中心和生产中心，必须建设基础设施，而且是各自功能相异、条件不同的专业化、专门化基础设施。而一个城市的城建投资总是有限的，为了创税，增加财政收入，政府往往对生产制造类大企业有更多政策倾斜，从而使生产中心获得更多的基础设施投入。而消费作为民生事业和社会产业，在政绩考核的约束下，尽管有社会各界的强烈要求和来自经济学的坚实理论支撑，也可能在基础设施投入中不敌生产制造。当前，中国消费基础设施建设往往落后于生产基础设施建设，各地更多按照生产制造中心的思路在搞建设，而消费设施呈现出"老、破、小"的局面。一是老化，多年失修，且没有更新。二是破旧，现有很多大城市居民区还是20世纪所建。三是容量小，供水供电供暖设施还是以往的口径、规模和规格。以水为例，随着消费中心扩容，一些城市的排水管道却保持不变，典型的基础设施超负荷运行，俗称"小马拉大车"。

三 劳动力之争

一个区域乃至一国的劳动力总量在一定时期内保持稳定，总体有限，从长时期来看，受资源环境约束，人口增长也有其上限。根据世界各国的生育情况来看，近年大多数国家、地区的生育率在下降，因此劳动力在未来增长空间极其有限，甚至有大规模萎缩的可能。而生产制造和为消费提供服务都需要占用劳动力，发展更多消费经济占用更多劳动力意味着生产经济可用劳动力减少，所以生产中心和消费中心存在着劳动力之争。从劳动强度、劳动环境、劳动舒适度来看，总体上生产中心不敌消费中心，所以如果大规模发展消费中心，生产领域的劳动力将被更多吸引至消费领域，从而造成制造业缺工。当前中国已经出现了制造业招工难问题，消费经济是劳动密集型经济，服务越精细越需要密集使用服务人员，如何平衡劳动力应该成为中国生产中心和服务中心布局的重要课题，平衡不好不仅不能促进消费中心可持续发展，生产中心也会发展受损，从而影响整体国民经济和社会福利。生产领域和消费领域劳动力之争还有另一种表现，即消费领域的低工资并没有能够对劳动力形成挤出效应，许多劳动者宁愿守着消费经济的低工资岗位，也不愿意去生产经济的相对高工资岗位，两个领域的劳动力市场出现脱节。

四 资本之争

发展生产中心和消费中心都需要投入资本，而一国一定时期资本总量有限，更多地投入消费资本就意味着生产资本的投入增量将减少。中国目前已经出现了相当规模的潜在生产资本的消费替代，许多投资者不再涉足制造业，同时现有大量制造业投资者从生产制造领域退出，进入消费服务业。生产制造业投资减少，再加上国内大量生产制造产业向越南、印度等地转移，更让中国制造业投资尤其是民营投资不容乐观。影响制造业投资的第一个重要因素是投资成本，制造业投资成本的提高与消费服务业投资占用有关，消费资本扩张过快影响了生产资本的稳定投入。第二个重要因素是消费服务业相比制造业投资见效快，尽管制造业对一国的经济基础重要，产业国际竞争力重要，经济安全和社会民生保障重要，但因为前者见效快，后者竞争强度大、利润微薄而受到一定程度的冷遇。同时，过度资本化也使消费经济内部资金成本提高，而服务成本的提高，非但没有由此形成消费资本向生产领域的外溢，反而内卷化严重，一边消费资本膨胀，效益下降，一边生产资本投入增长放缓，两者没有形成良性互动。

五 积累之争

生产中心和消费中心积累之争首先表现为长期积累和短期花费之争。生产中心无疑生产出产品，创造劳动成果，消费中心尽管也能在服务中产生经济增值，但其产生机制，是在消耗生产劳动果实中产生增值，其经济增值越多，也意味着直接生产劳动果实耗费越多。但不可回避的是，生产是手段，消费是目标，人类生产归根结底是为了幸福生活，不消费仅生产不仅有违人性，也不利于经济平衡，更不利于社会稳定，严重影响人民群众的获得感，所以需要发展消费，建设消费中心。对社会而言，为了未来发展积累财富还是仅顾及眼前福利而消耗财富，一直是一个争议很大的问题，这类似于中国计划经济时代的重工业和轻工业发展之争，前者主要为了生产积累，后者更多为了生活消费。社会由个人组成，对个人而言，是为了长远而宏大的奋斗目标而积累，还是为了个人眼前消费愿望而花费，也需要均衡。生产中心和消费中心积累之争还表现为物质财富和精神财富积累之争。不能把消费中心建设仅仅看作消耗，认为只是消耗物质产品，消耗资金，消费中心也创造经济价值，创造精神文化价值；消费是生活过程，也在一定程度上积累精神文化财富。典型如教育消费，获得知识财富并且创造知识财富。服务消费的提供过程，也是文化创意、技术创新、精神文化财富积累的过程。

六 市场之争

生产中心和消费中心之间还有市场之争，人们购买了更多消费服务，就可能减少产品的购买。比如现在很多网络消费者，衣食住行都很简单，衣服能穿就行，吃饭能果腹即可，住有一张床就满足，出门乘坐公共交通工具，主要消费资金、时间、精力都花费在网络上，比如给网络明星打赏、浏览各类付费网站、沉迷于网络付费游戏。这种消费不但不能平衡生产，反而会加剧生产过剩。消费者是购买消费服务还是购买生产的商品，如果不能有效平衡，还会直接导致某一类产业市场兴旺，另一类产业市场萎缩。当前越来越多实体门店关闭，而网络低俗直播服务越来越火爆，网络直播间代替了更多的实体门店。值得说明的是，实体店的很多功能是网店不能替代的，替代的结果是导致生产中心的功能越来越难以实现，网络消费的片面化、简单化一定程度上损害了生产制造市场。

第五节 消费中心与生产中心的经济空间协调

需要关注消费中心与生产中心的适应性，以良性合作替代恶性竞争，以空间协调的思路化解消费中心与生产中心之争。需要更新观念，改变思路，采取有效措施，实现两者关系协调，共同发展。

一 通过扩展空间容纳更多生产和消费

人类在经济社会发展过程中，起初更多发展了生产中心，只有在生产中心高度发展，劳动剩余和收入水平提高的背景下，消费中心才得以渐渐分化出来。尽管也有封建社会后期的商人城市，但随着工业革命的到来，很长一段时期中城市几乎由工业主导。①随着技术进步，生产发展，工业规模越来越大，现有城市空间越来越不堪重负，连日益庞大的制造业都容纳不下，更何况新发展起来的消费服务业。中国改革开放以来的城市发展也是同一趋势，先集中发展了生产制造功能，消费功能只是生产制造功能的补充。随着经济规模的扩大，产生了越来越广泛而细密的分工，生产体系越来越复杂而庞大，在一个狭小的传统城区范围内很难排列开这些功能，生产如此，消费也同样如此。所以现代城市为适应这种生产和消费的体系化、规模化发展，需要不断更新城区的经济部门、突破已有的城区范围。比如一些城市以往有中心城区和郊区之分，后来城郊界限消失，实现一体化发展。后来，城市发展的概念又发生一城向多城、不同城向同城的转变。再接着，同城发展又开始转向都市圈、城市群发展。现在更进一步转变为跨区域发展、经济区一体化发展、经济带发展。城市的内涵不断丰富，外延不断扩展，能够容纳更多的生产和消费功能，也为生产和消费中心专业化、专门化发展创造了条件。近两年全国多省份的省域副中心建设也是大城市扩容的重要体现，中国城市化发展实践充分证明，给城市扩容是解决消费中心与生产中心之争的重要途径。

二 通过内涵深化升级生产和消费

现代消费是一项重要的城市功能，在以往生产功能基础上进一步强化消费功能是现代城市发展的基本导向。城市之所以能够在已经很复杂的生产功能之外再增加同样复杂的消费功能，是因为现代的城市更加精细化，提炼了自己的核心内涵，扩展了已有的空间外延，不断将非核心的生产功能外迁，同时将现代化的核心消费功能内移。现代的城市更多的是"乡城"概念、"郊城"概念、都市圈概念、城市群概念、经济带概念。"乡城"是指以乡村支撑的城市，乡村作为城市的"治下"，其资源由城市主导，实现乡村和城市的协调，城市向乡村转移生产和服务功能，如农家乐、农产品深加工。以农产品深加工为例，以往更多是将农村农产品原料运到城市加工，现在更多是在农村原料地就地加工农产品，深加工产品直

---

① ［美］弗兰克·萨克雷、约翰·芬德林主编：《世界大历史（1571—1689）》，闫传海译，新世界出版社2014年版，第238页。

接通过物流转运至各地城乡市场。"郊城"是指以郊区支撑的城市，郊区作为城市的近邻，以前与城市是分割的，城区政策和郊区政策有差别，大多数城市在作区域各项事业和各类产业规划时通常将中心城区和郊区区别对待，郊区处于更边缘和弱势的地位。以20世纪80年代的长沙为例，除了东区、南区、西区、北区是中心城区之外，其余偏远区域、围绕长沙的周边地带都统一叫作郊区，基础设施和产业项目投资主要在中心城区。随着现代城市的发展，以往城市建设中的"郊区"概念正在淡化，郊城不断一体化，甚至离中心城区稍远的地带反而成了开发的重点区，一个个卫星城正在崛起。仍以长沙为例，20世纪90年代撤销了原来区划后，新成立的芙蓉区、开福区、岳麓区、雨花区各自就近涵盖一部分原来的郊区。由分离的城市和郊区合并形成"郊城"后，城市发展空间更大，在土地财政背景下，原来的郊区区域迎来了前所未有的发展契机，城中心的生产制造业纷纷外移，抢占富余空间，享受低地价，缓解劳动力和投资约束。生产和消费升级后，城市在既定的空间范围内和资源约束下，能够以更精细化、层次更高的生产和消费支撑高端发展，创造出更大的经济能级，同时和资源、环境、空间相协调。

三 通过分区划片避免生产和消费冲突

生产和消费的功能属性不同，一方面二者谁也离不开谁，需要互补，另一方面有各自的发展诉求，需要避免冲突，清晰、合理的分区划片是避免冲突的有效途径。生产更多是为了生产出产品，消费更多是为了获得消费满足；生产人员为劳动者，消费人员为消费者；生产以厂商为组织，消费以家庭或者集体为组织；生产是为了发展经济，消费是为了改善生活；一个更多创造成果，一个更多享受成果。组织形式、人员身份、发展目标和经济社会功能不同，决定了两者尽管允许一定程度的融合，如生产厂区也应该建有生活小卖部，但更广泛意义上两者应该分置。还有，生产和消费的设施条件、运转要求也不同。比如生产中心可能需要二十四小时运转，一天到晚机器轰鸣，但消费中心至少需要夜间安静，以满足周边居民睡眠需要，所以两者不能建在一起。生产中心的电力全天候重负荷，而消费中心晚上可以降低电负荷，所以两者适当分离有利于资源调配。生产中心，尤其是生产制造中心污染大，不利于人们长时期生活，所以需要在生产中心之外，建设相隔一定距离的居住消费中心。为实现生产和消费的分工和专业化，城市规划者需要对设施条件进行区别性打造：生产中心应多建厂房、工业区，消费中心应多建绿地、市民休闲区和生活区。生产中心更多的是一家家工厂独立的封闭式布局，消费中心更多的是一片片生活区的消费商圈，为便于人们交流，在生产和消费中心之间应有更多的开放性平台，如大型广场。

四 通过改善设施条件强化生产和消费联系

许多消费中心的形成具有历史传统、地域特色。比如一些旅游消费中心，历史上的河运、驿道交通要地，其与现代生产中心的配套关系不是很明显。对于远离生产中心的消费中心，需要改善基础设施条件，强化生产中心和消费中心之间的远途连接配套。比如世界各生产区域的人来湖南张家界旅游，旅游消费地和生产中心地往往相距遥远，因而张家界需要发展与各地相连的包括航空、高铁在内的快速交通。当前张家界已经形成了涵盖公路、高速、高铁、民航的立体交通体系，城市旅游消费活跃。又如发展信息基础设施，通过互联网及平台、物流建设，将偏远地区的农业生产中心和大城市消费中心紧密联系起来，农村通过直播带货将农产品销往城市消费市场，而农村居民通过微信、视频等媒介享受大城市文化娱乐消费，甚至通过信息手段，农民可以获得技能培训服务，农村孩子也能获得更优质的城市教育服务。连接性的设施条件能够在一定程度上化解生产中心和消费中心远距离分离所带来的矛盾。比如在都市圈建设中，一些城镇更多地发展生活、消费功能，而与当地居民配套的生产功能却被配置在其他城市，通过高效的同城化设施打造，生活城市和生产城市实现了消费中心和生产中心功能的协调。

五 通过精准配套实现生产和消费完美对接

就一个区域而言，与高端生产设施相配套的生活消费设施也应当相应高端。就一个国家而言，有了高端生产基地，就应该有高端消费基地。在功能匹配方面，应区分不同生产中心配套不同消费中心。生产中心可分为劳动密集型制造中心、技术密集型制造中心、研发中心等，相应的消费设施也应体现不同层次劳动者的消费特点，如对劳动密集型制造中心的消费配套以批发零售市场、一般消费服务为主，对技术密集型制造中心的消费配套以中高端购物、奢侈消费为主，对研发中心的消费配套以便利、休闲为主。在区域配套方面，一个消费中心需要对应一定的生产区域，而且随着中国经济不断走向国际化，不仅要有国内区域的配套，还要注意国际区域的配套导向，针对相关国际区域发展消费服务。比如在中国国际消费中心城市布局中，大体上，对于国内部分，北京对应全国产业区域的消费，天津对应京津冀生产区域的消费，上海对应长三角生产区域的消费，广州对应珠三角生产区域的消费；对于国际部分，北京对应全球产业区域的消费，天津对应俄罗斯远东、朝鲜半岛生产区域的消费，上海对应日本等东亚国家生产区域的消费，广州对应东盟生产区域消费，重庆对应南亚、东盟生产区域的消费。

六 通过更高层次统一融合生产和消费

生产中心和消费中心分别发展到一定规模，都需要突破现有的市域、省域，甚至国家范围，涉及跨域行政协调、社会融合、文化交流问题。比如将来上海建成的国际消费中心首先是上海自己的消费中心，其次是长三角的消费中心，再次是中国的消费中心，最后是世界的消费中心。为有效集聚和扩散消费，上海需要与周边各省、全国各地衔接相关政策，对接相关基础设施，如深化长三角消费品制造业和终端消费市场联动发展，优化消费品设计、制造和销售产业链的分工布局，为本土品牌孵化提供产业腹地支撑。建立"客流共享、平台互联、主体互动、宣传互通"的长三角联动办节机制，把"五五购物节"打造成为长三角消费资源联动推广载体和平台，开展"满意消费长三角"行动。① 还有社会融合的问题，随着农村人口非农转化，农民工亦工亦农，既是农村消费者也是城市消费者，不仅

---

① 《上海市建设国际消费中心城市实施方案》，2021 年 9 月 18 日，上海市政府网站（http://www.zgzcinfo.cn/ppolicyreleas/show-41467.html）。

在农村区域发展也在城市区域发展，不仅在农业生产中心就业也在城市生产中心就业，因此不可避免地带来相应的社会和文化冲突。农村社会和城市社会都包含着各自的生产功能和消费功能，存在着一定的文化冲突，需要经过一定的融合过程才可能弥合彼此分歧，更高层次的协调促进措施很有必要。比如建设城市社区，推进基本公共服务由户籍居民向常住居民转变，帮助农民工不断融入城市，适应城市消费文化，提高消费文明程度。

七　通过消费分层缓解生产中心和消费中心分工压力

此即通过适当分离一般层次消费和高层次消费缓解生产中心和消费中心的区域分工压力。生产中心的人员也需要就近高层次消费，但这种需求偏好正在被改变。随着生产的发展，经济水平的提高，人们需要的绝对劳动时间越来越短，一个社会对劳动力的需求总体上也呈现下降趋势，从消费角度看，这让人们有更多的时间消费，更有能力消费。同时从劳动角度看，更多的人可以脱离生产，从事消费服务。从消费基础看，甚至还产生了财富食利阶层，不需要劳动就可以消费。同时交通条件和社会交易条件也在改善，随着汽车、高铁、飞机等交通工具的发展，消费的路途距离以往可能只是在城内不同地点，现在可以从市中心到郊区消费，从一个城市到另一个城市消费，从城市到农村消费，甚至跨省消费、跨区域消费、跨国消费都越来越多。因而生产和消费的邻近性、同时性被打破。人们越来越可以不依赖就近地进行消费，消费地紧傍生产中心的局面被打破，远距离的专门消费中心，或者专门化的消费中心成为可能。这为专业化、高品质、高层次的消费中心发展创造了条件。当前中国已经形成消费者一般层次消费和高层次消费的区域分工，消费服务提供方面也逐渐形成一般层次消费和高层次消费的区域分工，在生产中心内还是有消费场所，但更多是基本消费；在生产中心外诞生更多的专门化消费场所，消费者在这里更多从事高层次消费。对生产中心的消费者而言，日常一般消费在生产中心内或者附近，高层次消费到距离较远的消费中心。尤其是处于现代生产中心的人，生产效率更高，收入更高，对高层次的消费需求更多，也能够支付更多高层次消费，他们进一步推动了不以就近为原则的专门化消费中心的发展。

第六节　消费中心与生产中心协调的未来图景

能够把现代消费要素整合起来，并使之顺畅运转发挥产业作用的场所，只有城市，因此高层次消费必定由中心城市来担当。生产和消费不仅同生并存、相辅相成，而且一起进步，在传统生产阶段更多的是传统消费，在现代生产阶段更多的是现代消费。现代消费不同于传统消费之处在于，它融合了资本、劳动力、技术、专门空间、社会化服务等生产要素，集现代设施、高端环境、先进技术、专业服务、精品项目、综合体系、创新创意于一体，通过投资和创业推动是其发展的基本特征。传统消费更多的是自助式，现代消费更多的是社会服务方式。传统消费场所更多的是家庭作坊，现代消费场所更多的是商务空间。高端、集约而规模化的消费功能，以及专业化服务、总部经济、研发中心等生产功能，都是现代中心城市发展之必备，同时，一般生产功能和消费功能向城市聚集仍是一般趋势，因此，需要协调利用空间资源，对其作出合理的空间分工，化解两类中心建设的冲突。

党的二十大报告不仅强调了要"着力扩大内需，增强消费对经济发展的基础性作用"，还同时强调，"坚持把发展经济的着力点放在实体经济上，推进新型工业化，加快建设制造强国"[①]。可见在中国，消费中心和生产中心要同步发展，不可偏废。在资源、环境、国土空间约束下，不可回避消费中心与生产中心之间的冲突，需要深化规律认识，勇于应对，积极探讨冲突化解之策。具体可行措施包括扩展空间容纳更多生产和消费、内涵深化升级生产和消费、分区划片避免生产和消费冲突、改善设施条件强化生产和消费联系、精准配套实现生产和消费完美对接、更高层次统一融合生产和消费、区分一般层次消费和高层次消费进行区域分工。关于消费中心和生产中心的经济空间协调，当前北京正在先行先试，努力疏解城市非核心生产功能，同时建设国际消费中心城市，进一步强化国际消费功

---

① 习近平：《高举中国特色社会主义伟大旗帜　为全面建设社会主义现代化国家而团结奋斗——在中国共产党第二十次全国代表大会上的报告（2022年10月16日）》，人民出版社2022年版，第29页。

能。后续研究需要进一步探讨以空间协调化解消费中心与生产中心空间冲突的路径，比如城乡一体化，即以乡"辅"城，最大限度地满足城乡就近消费。城郊一体化，即以郊"融"城，并有效开展区域竞争。城市群一体化，即以群"合"城，在不同城市进行不同层次的消费项目布局，一般项目各城有，特色项目错开建，高端项目集中建，不是每个城市都要有各种消费项目，尤其高端消费项目应错开发展；在处于领头羊地位的中心城市建设精品项目、大型项目，定位于全国消费，开展国内竞争。经济带一体化，即以带"连"城，在中心区域建设大型项目、集群类项目，定位于国际消费，开展国际竞争。

本章小结

空间既承载经济，也制约经济。（国际）消费中心（城市）建设正成为中国国内经济大循环、内需激发、城市经济、区域经济、宏观经济、国际经济发展的一件大事。现代经济社会不仅仅需要发展生产中心，还需要发展消费中心，在一个特定区域，两者可能规模有大小，层次有区别，但往往彼此支撑，谁也离不开谁；两者相互配套基于生产中心的人员需要就近消费、消费者需要生产中心提供就业收入、消费品及时就近供应需要生产中心配套等逻辑。但是在资源、环境、国土空间约束下，建设消费中心必定会与建设生产中心相冲突，包括土地、基础设施、劳动力人口、资本、市场之争等。需要通过扩展空间容纳更多生产和消费、内涵深化升级生产和消费、分区划片避免生产和消费冲突、改善设施条件强化生产和消费联系、精准配套实现生产和消费完美对接、更高层次统一融合生产和消费、区分一般层次消费和高层次消费进行区域分工等途径化解消费中心与生产中心之争。

第三章　消费中心与国内大循环

《中华人民共和国国民经济和社会发展第十四个五年规划和 2035 年远景目标纲要》提出，要立足国内大循环，协同推进强大国内市场和贸易强国建设，形成全球资源要素强大的引力场。商务部等 14 部门印发的《关于培育建设国际消费中心城市的指导意见》指出，培育建设国际消费中心城市，带动一批大中城市提升国际化水平，加快消费转型升级，对于促进形成强大国内市场、增强消费对经济发展的基础性作用、更好满足人民日益增长的美好生活需要具有重要意义。可以预见，如同中国生产中心的发展，带动形成强大的国内生产供给体系，中国消费中心的发展，也将带动形成强大的国内消费市场体系，促进国内经济大循环。随着商务部等 14 部门《关于开展国际消费中心城市培育建设工作的通知》（商消费函〔2021〕344 号）等文件的出台，中国开始在北京、天津、上海、广州、重庆试点国际消费中心城市，未来不排除更多东部发达城市如深圳等，以及省会城市如武汉、长沙、成都、南京、杭州、郑州等进入国际消费中心试点，中国各省份围绕消费中心的竞争必定越来越激烈。无论从宏观调控还是区域经济发展角度来看，消费中心建设都是中国新时期的一个重大研究课题，需要厘清消费中心建设促进内循环的内在机理，以形成消费中心建设促进内循环的良性机制。

第一节　已有研究的分析

消费中心促进内循环机制的文献涉及多方面，按照关系远近，分别为消费促进内循环、消费城市促进内循环、消费中心城市促进内循环,作为新兴研究领域,消费中心城市促进内循环的相关文献较少,这也是本节重点关注对象,因此在文献回顾上,对这部分文献的关注较具体。同时,消费中心城市作为中国经济学概念,更多是中国本土学者在研究,所以文献回顾中较少有国外文献。此外,消费中心城市近年更多受到了专业性商业期刊的关注,国内一些顶级期刊还较少涉及,所以本节本着实事求是的原则,不以期刊影响因子高低遴选综述文献。

一 消费促进内循环的机制研究

现有文献涉及促进经济内循环的多个消费因素研究。(1)消费平台。如刘奕、夏杰长认为,随着当前到店消费的信息服务形成完整闭环,数字化平台促进了供需匹配,扩大了贸易范围;[①] 刘云认为,农村电商对衣着类消费支出、教育文化和娱乐类消费支出及生活用品及服务类消费支出的正向驱动效应强。[②](2)消费动能。如刘金山、杜林基于马克思社会再生产理论,分析中国消费动能提升的多条循环路径及多种方案;[③] 刘尧飞、管志杰认为,国内消费扩容升级源于居民收入水平持续攀升引致的中等收入群体壮大、经济结构持续改善带来的消费支出比例增加、乡村振兴步伐加快释放的农村消费潜力、社会保障体系的不断完善,消费金融供给弹性增强,能够为国内大循环提供动力源,协调双循环良性发展。[④](3)消费金融。如张海龙、贺倚云认为,零售消费金融对推动经济内循环具有正向促进作用,失业率升高对消费需求有负向作用,而房价变化带来的冲击则随着时间的推移由负向逐渐转为正向影响。需要一方面加大金融科技研发投入,促进零售消费金融产业链形成,建立信息共享机制,另一方面提高

[①] 刘奕、夏杰长:《平台经济助力畅通服务消费内循环:作用机理与政策设计》,《改革》2021年第11期。

[②] 刘云:《双循环视角下农村电商发展对农村居民消费结构的影响差异性探究》,《商业经济研究》2021年第9期。

[③] 刘金山、杜林:《论以消费动能提升为核心的国内国际双循环》,《消费经济》2021年第11期。

[④] 刘尧飞、管志杰:《双循环新发展格局下国内消费扩容升级研究》,《当代经济管理》2021年第7期。

社会保障投入水平,将房价控制在合理范围内,以零售消费金融助力畅通国内大循环。①(4)消费人口。如江海旭认为,老龄化、少子化群体对国内大循环中的内需消费有显著溢出效应,少子化群体对国际大循环的进口消费溢出效应较强;人口年龄结构对消费升级的溢出效应显著,老龄化群体和少子化群体对消费升级的溢出效应均为正,以医疗保健类为主体的老龄化群体消费、以教育为主体的少子化群体消费共同驱动国内消费升级。②(5)消费税。如计金标、应涛、刘建梅认为,税收政策可从供需两端刺激居民消费,中国现行税收整体累退性约束了居民消费、刚需物品减税不足不利于消费升级、财产税缺位不利于居民收入流入消费、税收对深受新冠疫情影响的旅游等服务业帮扶措施缺乏。为促进构建"双循环"的新发展格局,应深入推进减税降费和收入再分配调控,夯实国内居民消费基础;调整增值税税率,降低税制累退性;动态调整消费税征税范围和税率,加强收入分配调节并为进一步减税降费赢得空间;优化个人所得税制度,更好地发挥其再分配调节作用;尽快开征房地产税,完善财产税体系;进一步放开免税品市场和降低进口商品税负,引导消费回流;尽快推出旅游等服务业税收优惠措施。③(6)消费基础。如肖泽锋探究了制造业集聚对城乡居民消费升级的影响,发现西部地区制造业集聚有利于促进城镇和农村居民消费升级,尤其对农村居民消费升级的促进作用更强。为畅通内外双循环,需要通过制造业集聚缩小城乡收入差距,尤其是提高农村居民收入水平,促进农村居民消费升级。④(7)新型消费。如李小玉、陶虹佼、徐蒙通过分析发现江西省农村居民消费整体规模不大、消费层次偏低、新业态新模式下沉偏慢,原因主要是农民收入水平相对偏低、农村空心化现象突出、农村地区新业态新模式供给不足、基础环境发展欠优以及农村地区

---

① 张海龙、贺倚云:《零售消费金融发展对我国经济内循环的影响研究》,《经济纵横》2021年第3期。

② 江海旭:《双循环视角下人口年龄结构对消费的溢出效应研究——基于老龄化和少子化不同群体的比较》,《商业经济研究》2021年第13期。

③ 计金标、应涛、刘建梅:《提振国内居民消费、促进"双循环"的税收政策研究》,《税务研究》2020年第11期。

④ 肖泽锋:《内外双循环背景下制造业集聚与城乡居民消费升级——基于西部地区省域面板数据的实证》,《商业经济研究》2021年第8期。

对外辐射能力较弱，农村新型消费应是农村消费政策的重要着力点。①（8）消费阶段。如郑红娥认为新冠疫情带来了人类生产方式、生活方式和消费方式的调整，国民谨慎消费意识增强，健康生活方式的营造与追求成为消费"新宠"；消费由大众化向高档、品牌升级；个性化、差别化、发展型消费将成为消费热点或重点；后物质主义价值观的兴起引发更多的精神性消费。中国从大众消费阶段开始进入个性化、风格化阶段。②（9）宏观消费。如李婧认为，对外贸易动能转换有利于形成产业竞争优势，并能够和国内消费市场培育产生显著的正向联动效果，应以国内消费市场培育为基础，加快形成对外贸易产业竞争优势，实现国内国际双循环的良性发展。③ 石明明认为，发挥消费的基础性作用需要厘清中国消费的基本特征和发展趋势，统筹推进供给侧结构性改革和需求侧管理，畅通"生产—流通—消费"经济循环，促进供给与需求的结构性匹配，畅通交易网络体系并促进国内市场建设。④ 龙少波、张梦雪、田浩认为，产业与消费"双升级"通过供给质量提升、技术进步方式转换、就业增加扩容三大机制，能够有效地疏通国内经济大循环关键环节的主要堵点。⑤

二 消费城市促进内循环的机制研究

相关文献也涉及消费城市促进内循环的多种内在机制。（1）消费城市的内循环潜力研究。如罗振通过测算，发现城市发展潜力对城市商贸流通业发展具有显著的正向促进作用，但这种正向赋能作用强度与发展潜力水平之间并不存在严格的正相关性，而与城市所处的区域存在紧密相关性，东部地区强相关，中西部地区弱相关。⑥ 收入水平和社会保障情况是影响

---

① 李小玉、陶虹佼、徐蒙：《"双循环"背景下加快培育农村新型消费研究——以江西省为例》，《企业经济》2021年第8期。
② 郑红娥：《"双循环"格局下消费的阶段性特征研判》，《人民论坛》2021年第4期。
③ 李婧：《双循环发展格局下我国对外贸易动能转换与产业竞争优势——兼论国内消费市场的贸易反哺效应》，《商业经济研究》2021年第13期。
④ 石明明：《论"双循环"中如何发挥消费的基础性作用》，《商业经济与管理》2021年第4期。
⑤ 龙少波、张梦雪、田浩：《产业与消费"双升级"畅通经济双循环的影响机制研究》，《改革》2021年第2期。
⑥ 罗振：《消费内循环视域下城市发展潜力对商贸流通业发展的影响》，《商业经济研究》2021年第19期。

城市商贸流通业发展的核心动力,也是城市发展潜力对城市商贸流通业发展的正向赋能效应强度与城市发展潜力指数高低并不存在严格正相关关系的原因所在。(2)内循环中的消费区域研究。区域虽然与城市有区别,但关于消费区域间的研究仍然对消费城市间的研究具有借鉴意义,如王晖认为区域经济协调发展有助于推动要素市场、产品市场和服务市场的充分循环,对双循环发展新格局的形成至关重要,更有助于实现中国经济长期、可持续发展。① 中国东中西三大地带间及地带内消费支出呈现非均衡发展的趋势,其中地带间消费支出的绝对差异和相对差异呈现倒"V"形规模性波动趋势,居民人均消费倾向较低,城乡居民消费支出呈现非均衡发展的趋势。居民消费区域差距形成的原因错综复杂,既包括地理位置、政府政策、资源禀赋、市场化水平、经济发展程度,又包括经济发展过程中逐渐形成的人力资本差异、思想观念等后天因素。(3)城镇化的内循环影响研究。如刘祖源、庞丽华分析了人口结构对居民消费水平的影响机制,以及人口结构因经济发展水平差异对居民消费产生的动态门限效应,发现少儿抚养比和城镇化水平提高会增加居民消费,老年抚养比、性别比和家庭规模提高会抑制居民消费,经济发展会缓解老龄化带来的消费水平下降,人口性别比对居民消费的抑制作用较小,且随经济发展变化较小;以经济发展为门限变量时,各人口结构的门限值较为接近,年龄结构、家庭规模和城镇化在经济发展达到阈值后对居民消费水平的影响会产生较为明显的非线性突变,消费的"棘轮效应"使得居民的消费具有较强的惯性作用。需要重视老年群体消费潜力、提高人口出生率和城镇化水平。②

三 消费中心城市促进内循环的机制研究

消费中心城市建设能够促进内循环,这方面的研究文献相对较少。如刘社建认为,上海作为已经初步具备国际消费中心城市建设基础的重要经济体,应借力国际贸易中心与旅游城市建设机遇,不断丰富完善各种消费品与服务供给,有效降低消费成本,服务"双循环"新发展格局构建。③

---

① 王晖:《双循环新格局背景下居民消费区域协调发展研究》,《商业经济研究》2021年第4期。
② 刘祖源、庞丽华:《人口结构对消费内循环的影响研究》,《价格理论与实践》2021年第7期。
③ 刘社建:《"双循环"背景下上海构建国际消费城市路径探析》,《企业经济》2021年第1期。

消费中心不仅仅包括国际消费城市、区域消费城市，还包括县以下的消费城镇、集镇。王强、刘玉奇发现，中国农村市场"村—镇（乡）—县"三级结构具有明显的等级特征，其商业服务职能类型和职能单位数量分布基本符合中心地理论的规律。亦即村、镇（乡）、县每个等级都会有自己的商业服务职能类型，对应一系列的商业职能单位，随着中心地等级的提高，中心地的职能类型和职能单位数量都会增加，而且每个等级形成了各自的职能类型，村庄级别主要是提供日常生活商品和服务，强调便利性特点；镇（乡）级中心地能满足消费者生存和发展层次的需求，并且出现享受型需求的娱乐设施；县级中心地出现了百货店、购物中心等购物业态，涵盖了从生存、发展到享受型多个层次的消费需求。另外，中心地商业设施数量受到"门槛"值的约束，要使商业设施能持续经营，其数量须超过某个最低规模。从长期来看，城镇的发展使得其中心地位不断增强，可以吸引更多的农村居民流入，而村庄的中心地职能会弱化，乡（镇）作为第二等级的中心地将成为农村市场新的增长点，这也给商业企业进入农村市场提供了方向。[①] 王强、刘玉奇的研究与本节的关联度较高。

四　本节研究说明

国内大循环和消费中心立足于中国改革开放实践，是中国不断走向世界发展中心过程中的必然经济现象，也是具有显著中国特色的社会主义市场经济概念，外文文献中尽管有消费、消费城市的研究，如马克斯·韦伯的"消费型城市"概念[②]、爱德华·格雷兹等的消费城市理论，[③] 但这些国外研究与中国的消费中心城市内涵相去甚远，与本节所探讨的内循环联系不大，所以关于以消费中心城市建设促进国内大循环这一议题，需要结合中国实践，构建中国的学科理论体系。消费促进内循环与消费中心促进内循环两者虽然都涉及消费，但具体的机制是不同的，消费主要从供求机

[①] 王强、刘玉奇：《挖掘农村居民消费潜力：中国经济良性循环发展的重要一维》，《河北学刊》2020年第3期。

[②] ［德］马克斯·韦伯：《非正当性的支配：城市类型学》，康乐、简惠美译，广西师范大学出版社2005年版。

[③] Edward L. Glaeser, Jed Kolko, Albert Saiz, "Consumer City", *Journal of Economic Geography*, Vol. 1, No. 1, 2001.

制的角度促进内循环，而消费中心更多从区域调整的角度促进内循环。同时，消费城市与消费中心城市也有所不同，前者研究目标主要为以消费促进城市经济，属于城市经济学研究范畴，后者不仅要研究以消费促进城市发展，还要研究以消费城市为中心，促进区域经济、国家经济、世界经济的发展。即便是一般消费，其也是发生于某一地点，比如可以是城市消费，也可以是农村消费，很显然，从消费到消费城市，再到消费中心城市，显示了依托消费的地理区位意义在发生变化，这是一个区域消费能级不断提升的过程，因而促进经济循环的具体机制有较大差异。在一片广大的区域内，最开始可能只有乡村、小镇，消费以分散、极小规模集聚的形式存在，比如农村地区的集市[①]、集镇，消费形态较为初级，主要满足基本的衣食住行生活消费，与整体经济循环的融合度较低，循环促进机制很有限。但随着城市的形成，尤其是城市消费功能的提升，消费城市得以发展，消费对城市经济的支撑作用越来越强，甚至成为城市主要经济形式，在城市乃至城乡经济循环中发挥着中坚作用。

在消费城市中，消费的经济循环作用和影响范围还主要在城市内，兼及有限的城郊、周边。更进一步，随着经济中物质生产规模越来越大，基本温饱不断得以解决，人们的消费需求层次越来越高，需求产生自身的供给，为满足消费需求，需要完善消费服务，消费经济在整体经济结构中所占比例越来越高，对国民经济增长的贡献越来越大，少数有集聚和规模效应的消费经济发达城市成长为消费中心，消费中心尤其是国际消费中心的经济影响不仅在自身，更在外围市场、全国市场、国际市场。高层次消费中心对内循环的促进作用更明显，是具有丰富消费内容、高端消费品牌、多样消费方式、优越消费环境，能够吸引全球消费者的高度繁荣的消费市场，更是全球消费资源的配置中心及引领全球消费发展的创新高地。

很显然，从现有文献来看，关于消费促内循环的研究更多集中于一般消费层次，少数涉及消费城市层次，极少涉及消费中心层次。"培育建设国际消费中心城市，打造一批区域消费中心"已经被纳入《中华人民共和国国民经济和社会发展第十四个五年规划和2035年远景目标纲要》，作为

---

① 在集市囤物换物买卖交易，北方叫"赶集"，南方叫"赶场""赶街""赶山""赶墟（赶圩）""赶闹子"。

一项重要的消费经济、区域经济、宏观经济、世界经济政策举措，消费中心促进内循环应有其内在的理论依据和一般影响机制，但思想和理论再一次落后于实务，难以满足实践需要，广大学界需要结合当前实践探索，在已有消费、消费城市、消费中心城市文献的基础上，对消费中心促进内循环的内在机制进行全面深入探讨。

第二节 消费中心促进国内大循环的动力机制：通过提升区域消费动能加速内循环

一地最重要的消费动能有三：一是消费者支付能力，这决定于经济发展水平和分配；二是消费者消费意愿，这决定于消费环境；三是消费投资者意愿，这决定于消费营商环境。[①]

一 增加区域可支配收入

增加可支配收入是激发内需、刺激消费的基础，但在"双循环"背景下，需要结合经济循环流动重新探索。对于增加区域可支配收入，既要从区域民生角度，即促进共享，提高一地人民群众生活水平角度理解，又要从区域经济循环，促进区域生产和消费循环，拉动区域经济的角度理解，否则，单纯从民生角度理解，就容易局限于减少物资消耗，增加财富积累角度的单一化思路。比如中国传统上对于富裕的理解不是从消费角度而是从储存、藏富角度，守着大量财富不花费、少花费可以叫"富"，封建社会许多土财主财富多，却极其节俭。对于多花费，称之为"大手大脚""败家"。只有从经济循环角度，才可以更好地理解民生消费与财富增长的关系，生产增长离不开消费增长，消费拉动生产，产生更多的消费增值和生产增值。也即区域可支配收入有借助消费而再增长从而促进内循环的机制，收入代表财富水平，可支配收入决定消费水平，一地收入水平和可支配收入水平不一定一致，较低的可支配收入水平不利于消费对经济的需求拉动作用，形成消费短板，也客观上造成一地生产和消费经济发展的不平

---

① 周勇：《消费中心布局：原则、逻辑及路径》，《河南社会科学》2022年第2期；周勇：《中国消费中心发展升级的理论和实践》，《东南学术》2022年第3期。

衡。比如深圳在全国城市中GDP增长排名与消费排名不相称，与上海、北京在全国GDP排名和社会消费品零售总额排名中均居于前两位的情况不同，深圳全国GDP排名第三，社零总额却排在上海、北京、重庆、广州之后，位列第五。2019年《商务部办公厅关于推荐申报国际消费中心城市培育建设试点工作的通知》（商办运函〔2019〕410号）文件下发后，深圳也积极申报了国际消费中心城市培育建设试点，但最后落选，深圳较强的生产财富积累能力没有充分转化为消费动能是重要原因。进一步增加可支配收入，同时提高消费意愿，将可支配收入充分转化为消费花费，不仅是深圳等城市消费经济发展的需要，也是其整体经济，整个经济循环畅通的需要，这需要平抑较高且快速上涨的房价，有效降低高昂甚至虚高的教育、医疗成本，稳定经济、社会和个人发展预期。

二 保障区域消费权益

保障消费权益就是要维护好稳定而公平、公正、公开的消费环境，让消费者放心、舒心消费。基本权益不保，何来消费需求满足；没有良好的消费环境，一个地方再投入大笔资金打造消费项目，也不会吸引到消费者。消费环境区域之间的差异，是决定区域消费经济竞争力的重要因素，这不仅与一个区域的地方文化有关，更与工业文明素养、区域开放度有关。在消费中心建设过程中，要充分发扬当地文化中善良、好客、热情的成分，摒弃保守、排外、自私自利的狭隘思想，杜绝"宰客""一竿子买卖"等短期商业行为、不诚信行为。在消费服务中要遵循现代文明规范和通行服务标准，制定科学而完整的流程强化服务管理。消费中心还可以结合具体区情创新标准体系，构建标准竞争力，比如广东省标准化协会制定发布团体标准《百货零售行业卓越服务规范》，从构成商业企业竞争力核心要素的服务质量入手，规定了经营服务管理策划、经营服务环境、公共卫生、配套服务设施、人员管理、供应链质量管理、服务质量管理、风险管理与持续改进八个方面的技术要求，并确定了服务规范评价的方式与方法。本地居民是一地消费的主要参与者和服务者，要通过扩大开放，不断将区域消费纳入全国体系、世界体系，让消费市场的经济观念更深入人心，打破以人情消费、圈子消费、地方消费为导向的区域消费格局，在更广阔的范围配置消费资源,让以消费者为中心的观念得以倡导,全国、全世界的消费者放心消费。

三 营造有利的区域消费营商环境

消费供给离不开投资,投资者开发了消费项目,可以说除了先天禀赋式的消费资源,更多由后天资源开发而来的消费项目需要众多投资者倾力打造。项目是消费的直接对象,是一地消费的最主要吸引力所在。先天禀赋式的消费资源往往在一个广泛的区域内存在,而这个泛在的区域有许多城市和地区,并不是区域内每一个地区或者城市都能如愿以偿地建成消费中心,或者说消费能级有高有低。以某省区一湖泊的旅游开发为例,该湖是西南地区有名的高原湖,旅游吸引力巨大,是优质旅游资源。这个湖分属两个地区,但在开发利用上,一地围绕湖泊建成了旅游消费中心,收益巨大;而另一地关于此湖泊的旅游默默无闻,尽管坐拥该湖的另一半,从中得到的旅游收益却很少。反差大的原因主要是营商环境,前者是省会城市,开放度高,市场规则成熟,招商引资成功;后者只是一个地级市,稍偏远,当地干部群众相对保守,而且存在大片扶贫开发区,村民依赖思想严重,对外来投资者不够友好,甚至有村民阻挠旅游设施开发,理由是多要补偿费用,还有的村组要求分包到更多的基建工地,同时,当地集体组织或者企业不具备许多项目所需要的资质或者技术条件。即使对于一些一般项目,当地村民在政策倾斜下承包后,不仅建设质量达不到要求,后续还会漫天要价。区域营商环境决定了一地的消费项目开发竞争力和招商引资前景,因此在消费中心建设过程中一地需要营造良好的"友商"环境。

第三节 消费中心促进国内大循环的扩容机制:通过延展区域消费容量扩大内循环

一地消费容量主要体现于本地消费招待能力和外地消费接待能力。而消费中心扩容更重要的是外向化发展,故扩充对外旅行接待能力更重要,包括基础设施承载能力、基本服务容纳能力和主导消费项目接待能力等。

一　扩大区域消费设施规模

扩大区域消费设施规模至少包括三方面：一是扩大基础设施规模。比如增加交通线路，增加进入消费中心的外围长途线路，拓宽国道、省道，拓宽市内街道、新建新增广场，增加进入主要消费设施的通道，并扩大交通调度范围，满足消费人群大进大出的需要。还有电信、能源、电力扩容。基础设施不足的问题在东部地区可能不明显，但在西部地区、"老少边穷"地区却表现突出，这些地区要建设消费中心，首先需要补齐基础设施短板。二是提高基本服务容纳能力。一些地区一般商品物价过高，这不利于消费中心建设，过高的商品价格会挤压消费服务的发展空间，也增加了消费者，特别是外来消费者的经济负担。一般而言，商品和服务的价值低与当地基本服务提供能力有限相关。比如一些旅游景点住宿价格奇高，让一些旅游者望而却步。还有些城市在旅游旺季酒店竟然一铺难求，这大大限制了当地旅游发展。三是提高主导消费项目中本外地顾客，尤其是接待外地消费者的能力。消费者一般是为消费主导项目而来，比如许多青少年去上海旅游就是为了到迪士尼乐园游玩，去北京旅游必去天安门、故宫、长城，去西藏旅游必去布达拉宫，因此要求这些主导项目有足够强的接待能力。此外，为扩大设施容纳能力，还要通过产业分化、功能分离，建立更多消费商圈。通过城市化改造，把大量为本地服务的行政、生产和一般居住、消费功能外迁，比如把政府的行政办公从中心区域搬离，通过市郊房地产开发搬迁市中心的居民区，拆除城区生产设施异地重建，从而将更多城市中心区域建成消费空间发展对外消费。

二　升级区域消费设施水平

升级区域消费设施层次至少包括三方面：一是升级基础设施水平。消费中心建设层次越高，越以异地消费者、全国消费者、国际消费者数量多、占比高为标志，因此要升级外接交通能力，发展航空、高铁、高速公路等交通设施，提高陆、海、空直达率。尤其对于中国中西部地区和"老少边穷"偏远地区，高山峡谷多，高铁、高速公路建设有难度，即使建成，通达距离仍然很远，旅行耗时依旧很长，因此要增加支线机场。二是提升基本服务水平。消费中心层级越高，越要求高水平的基本配套服务。比如住宿方面要加大星级宾馆的建设力度，配套休闲方面要新建设施或者提升现有设施的服务水平。不能让消费中心建设输在基本服务上，因此要加大对社会消费服务企业的监管力度，通过行业准入、星级评定、行业自律，完善退出和奖惩机制，淘汰不合格经营者，鼓励守法诚信经营，防止产生"劣币驱逐良币"的负面效应，不断提高服务品质。三是提高设施技术服务水平。一些设施本身扩容困难，或者根本就不能扩容，比如一些历史文物，建筑面积固定，还要保护，对外开放有限，这时需要建设相关替代性设施，例如通过提供微缩或者同比例再造设施，还可以利用现代信息、声学、光学技术，虚拟建设旅游设施，满足人们的消费需求。

三 增加可利用土地面积

土地和空间是城市发展的重要资源，也是决定消费中心能否真正建成的基础因素。由于中国当前待建的消费中心绝大多数为改革开放以来的生产中心，所以消费中心作为新生事物，一定程度上必然对原有的生产中心构成竞争威胁，也涉及不同部门、产业、投资者，甚至就业者的利益调整。化解土地利用之争，甚至腾退出更多的生产建设用地，是消费中心建设不可回避的工作。消费中心建设必然伴随消费用地和消费空间的扩大。城市新增国土资源要更多向消费功能倾斜，更多满足公共绿地、休闲广场、大型消费设施等建设的需要。比如重庆落实土地政策支持措施，加强新建消费基础设施与周边区域国土空间规划衔接，优先保障必要的消费基础设施用地规模；支持各地在符合国土空间规划和用途管制要求前提下，探索二、三产业混合用地方式，合理增加能更好满足居民消费需求的重大基础设施建设用地供给；对于不适合成片开发的部分乡村旅游、民宿、户外营地及其他消费相关基础设施和公共服务项目，探索符合实际的产业融合发展用地新模式。而且适应消费中心扩容，层级提升，吸引更多异地消费者、全国乃至全球消费者，层次越高消费中心用地越应向外向型消费项目倾斜。

第四节 消费中心促进国内大循环的消费供给机制：通过强化区域消费供给能力做强内循环

有效供给才能促成有效需求，只有有竞争力的消费供给，才能引致有竞争力的消费需求。一地有一定的消费供给才能吸引一定的消费者，消费者是为消费供给而来，是为获得消费满足而来。只有提高消费供给能力，一个地方才可能激活区域消费需求，促进区域消费循环。

一 强化城市消费产业组织能力

消费经济相比生产经济，满足人们的需求更直接，大多数消费服务都具有面对面服务的特征，而且随着消费层次的提升，产品消费的比重降低，生活消费尤其是精神文化消费越来越占据高比例，需要"人"的服务比"物"的服务更多。一方面人工服务成本高，另一方面人工服务附加值高，所以消费层次越高，消费企业的利润水平越高，从而吸引众多投资者参与竞争。尤其当前，中国正处在西部消费经济起步、中部消费经济发展、东部消费经济提速阶段，很多消费项目只要批准建设，营业利润往往很可观，这也极易引来大型机构的垄断性投资。同时不容忽视的是，消费层次越高，文化倾向性越强，文化也越具多元性，消费文化的健康性受到挑战，因此文化消费成为政府监管的重要任务。而且随着行政力量的介入，也极易形成基于权力寻租、权钱交易、权色交易等不法、不合规、不正当行为的垄断。另外，消费经济服务具有便民性、求新求异性、精细性的特点，应更多以民间资本投入为主，鼓励中小企业参与竞争，垄断对消费经济的损害不言而喻。上述多方面因素决定了消费中心要提高消费供给能力，就必须有效组织市场；要通过有效的政府公共组织和私人企业组织，促进产业公平竞争。比如随着终身学习时代的到来，继续教育培训作为一类新型消费，社会需求大，附加值高，极易被大型资本垄断，资本失控极易对中小投资者和广大消费者的利益造成损害，需要以公共投入引导私人投入，在体现事业和社会属性的基础上，维护好竞争性市场结构。同时，继续教育培训深刻影响国家教育大计，事关社会教育公平，涉及文化倾向和思想意识形态，政府监管任务重，需要探索有效的产业治理模式。

二 提高城市消费经济管理水平

管理是利用好存量资源，包括资本、人力、自然、文化等资源的重要手段。有几个方面的因素决定了当前中国需要提高消费经济管理水平。一是政府管理方面，中国长期发展生产经济，生产经营管理的思维从政府到投资者、经营者都比较盛行，要根据消费的特点管理消费项目、产业和企业。政府要根据消费的特点加强政策的灵活性，行业发展中难免出现种种问题，如消费中出现的奢靡消费，不能因为这些问题而将相关消费全盘否定，俗称"一棍子打死"，应在杜绝奢靡之风的前提下，允许一定范围的高端消费、奢侈消费存在。要提高帮扶力度，消费企业更多是小微企业，资金少，而且消费偏好、风尚变动大，消费型企业经营面临很大不确定性，需要更多政府扶持。同时消费企业固定资产少，更多基于服务技能、服务模式提供服务产品，所以应创新金融支持形式，提供多样化担保贷款方式。此外，还要提高监管水平，防范好消费领域中极易产生的思想文化和意识形态问题，维护消费产业安全。二是企业管理方面，当前中国很多消费企业投资者、经营者由生产投资和企业转型而来，流水线式的管理思路仍然留存，对消费的创新创意性把握不足，比如把员工管成死板、严肃的工人，而不是会笑、活泼的服务人员；对消费行业应有不同的人力资源管理模式。三是区域管理方面，中国中西部和"老少边穷"偏远区域面临发展消费中心的机遇，但从政府到企业现代管理经验缺乏，管理能力有待提高。比如对于出现的消费纠纷、群体性事件不能有效应对。很多地区通过受援建立了许多消费设施，但因为缺少经营管理人才、合格而熟练的劳动力，项目面临停摆。

三 培育和优化城市消费创新创业能力

消费企业与生产企业不同，后者资本量大、固定资产多、投资门槛相对高，而前者资本要求少、固定资产水平不高、投资门槛低；后者体量大，前者规模小、灵活，以中小企业为主，因而消费经济更多是民生经济，所以需要在消费领域掀起"大众"创业风潮。同时与生产制造创新的较长周期不同，消费风尚变化快，更多要求短周期的创意，所以还需要激发"万众"创新。可以说，消费中心发展的根本是，既要靠民资，也要靠民智，依靠政府投资可能可以建设出一流的生产设施，但却不一定能够发展出一流的消费设施。而且民资和民智相辅相成，优秀的、切合消费市场的创意能够带来新投资或者使已有投资更好地发挥市场效应。同时，以已有投资和项目为平台，广大从业人员才能有新创意，带动投资扩张和新项目建设。也可以说，消费领域"大众创新、万众创业"相比生产领域，更加迫切，更加需要研究方案，采取强有力措施予以推进。比如依托民资民智，重庆创新夜间经济，推进夜间创业，把夜间消费做大做强，从"配角"提升为"主角"，构筑出从白天到夜晚的持续消费场景。几年前，九街这片0.7平方千米的土地上，还多见烂尾楼、闲置楼、旧库房。如今，这里已"变身"为都市文化旅游特色街区和重庆夜间经济"名片"，整个街区汇集了国内知名品牌和商家近千家、个体工商户近1500户，日均人流量超10万人次。近年来，重庆陆续建成30多条市级夜市街区，建成一批夜间经济集聚地，夜间经济繁荣景象持久不衰。据调查，重庆城市消费60%发生在夜间，大商场晚上6点到10点的销售额占全天销售额的60%左右，夜间经济对城市经济的拉动作用逐年上升。①

第五节 消费中心促进国内大循环的资源基础机制：通过扩充区域消费资源夯实内循环

消费中心建设基于资源基础，资源基础也是消费中心长期可持续发展的战略基础。在一定程度上，消费中心的资源基础和内循环的资源基础是一致的，要建成高层级消费中心，畅通内循环，尤其需要久久为功，打好坚实的区域资源基础。

一 夯实城市公共消费资源基础

许多区域公共消费资源私人难以供给，或者难以由私人企业独家供

---

① 李勇、黄豁、陶冶、黎华：《重庆："大九街"何以成网红》，《瞭望》2019年第1期。

给。最典型的是一些公共文化消费资源，公共性强、外部性强，需要由政府来培育，通过事业的方式供给。比如现代娱乐活动可以由私人公司供给，但一些传统文化资源，比如传统文艺中的"非物质文化遗产"，是一地文化消费的瑰宝，极富历史文化内涵，堪称一个地域的文化之集大成。而且以欣赏为代表的"非物质文化遗产"消费需要消费者具有一定素养和知识，这些素养和知识一般人难以具备；同时，这些传统文化更由于时代的变化，消费的多样化，其现实消费满足功能降低，尤其是越来越远离热门消费、大众消费的舞台，所以市场直接营利能力弱，需要以公共资源的形式存在，通过文化保护，进行传承、创新。又比如戏曲，从京剧到各地方剧种，其消费市场曾经红极一时，文化和技艺水平高，但随着通俗文艺，以现代视听技术为支撑的消费模式不断发展，以抖音、快手为代表的视频消费盛行，曲艺的消费市场地位降低，很多曲艺团难以生存，需要国家出资，以公共资源的形式由国家提供文化保护。一般而言，消费者消费层次越高，其传统文化的消费参与度越高，这证明了以传统文化为代表的公共消费资源仍旧具有现代需求，能够在消费中心建设中发挥作用，比如一个城市的博物馆也是消费名片。

二 壮大城市消费资本

为推动消费资本大投入，政府需要担负前期公共投入，以打造交通、信息、能源等基础设施，为迎接大规模消费创造条件。并且还要有一定的行业性先导投入，比如为推动餐饮消费的发展，需要政府投资建设消费示范基地、厨师培训学校，在高等教育中增加消费专业，研究机构中增加消费相关课题。为推进新型消费，政府还需要鼓励创新，投入创新基金，建设消费创新空间，培养消费"创客""孵化器"。为扶持创新型企业，刺激消费，还需要通过公共购买的方式，向民间发放消费券，或者鼓励公职人员先消费，营造放心消费和潮流消费的氛围。但在以社会投入为代表的消费领域，资本投入更多是一项市场行为，因此要把营造良好投资环境、保护社会消费资本作为促进消费投资的重要战略举措。好的消费投资政策能够迅速激发起民间投资热情，只要让经营者有钱可赚，而且维护好行业安全，强化行业经营的稳定性，让消费投资者有稳定的市场预期，消费资本就能实现稳定投入。

三 发展消费人力资源

人力资源在消费经济中的重要性甚至要高过生产经济，生产制造以物质资源为基础，借助机器进行生产，随着机械化时代的到来，人在生产中的地位不断发生改变，越来越处于辅助和维护的位置。当前，凡是可以由机器代替的生产环节不断实现了人工被替代，人工难以被替代的地方又更进一步通过发展人工智能来替代，所以人在生产过程中的地位越来越低。反观消费领域，更多是人们面对面的服务，消费的人性"温度"和生产的机器"凉度"形成鲜明对比。随着消费层次越来越高，需要的精细化服务很难由机器完全替代，也就是说，消费层次越高越离不开人。因此，区域人力资源培育，行业人才发展，企业留人、用人，在一地消费中心建设中是一项基础工作。很多专业性的消费中心甚至通过人才输出实现了异地发展，比如成都和长沙都是有名的餐饮消费中心，两地都有一些著名、实力强的餐饮消费大公司，通过输出品牌和人才，在全国各地乃至世界拓展餐饮经营，带动了全国乃至世界的川菜、湘菜消费。

第六节 消费中心促进国内大循环的内涵深化机制：通过提高区域消费品质升级内循环

高水平消费中心建设和高效率、畅通的内循环，都离不开消费经济的发展质量。根据消费类型，生活必需品和一般性服务的消费品质在于过程品质，即可得性；高层次消费品质在于产品和服务本身的品质，即消费精品。还有消费的环境品质，如浓厚的消费氛围。随着消费中心的内涵品质提升，内循环的效率也得到相应提高。

一 促进区域便利消费

要提高消费的便利水平，比如到达主消费区域要有专用线路，最好有主干道通达。在消费中减少各种中间环节，尤其是减少不透明的中间服务收费，比如旅游消费减少景区内的分景点门票，推行套票，让消费者更少受市场沟通的干扰，更多沉浸于旅游观感中。相关的住宿、购物、就医等方便快捷，尽最大可能降低消费的后顾之忧。针对消费中心有更多外地消费者、国际消费者的特点，在服务设施打造中要改变以本地人为主要服务对象的标准设计，更多便利外地消费者，比如公共汽车报站要用普通话和英语，杜绝随意停报。在游客中心增加外语导游和咨询人员。完善消费区域标识系统，且全部做到多语言设计。在消费内容和流程设计中，要融入国家、国际通用标准或者标识，让消费者通过视觉系统，立即知道怎么消费。在消费服务产品打造过程中，既要有本地文化内涵，又要有国家、国际通用标准，一个本地文化特色浓厚，但外地消费者不知道如何消费，不能消费，只能望而却步的消费项目对消费中心的建设意义极其有限。因此，要加强本地特色、传统消费项目的通用性消费改造。

二 打造区域消费精品

要将本地有特色的草根、乡野消费项目打造成富有文化内涵、符合消费规则的服务精品，符合消费者求新求异消费的需要。比如篝火晚会已经成为许多山区消费的重点项目，各地的篝火因燃料和燃烧习惯不同，且围绕篝火，承载的地方文化及消费内涵也不同，所以一个篝火服务项目，特色缤纷，形成了一个个服务精品。除了本地特色，任何一项消费服务都可以打造成精细服务，当地任何一个消费品也应打造成精品。精品既包括形式、提供方式、设计的精致，也包括内涵文化、消费功能的精致，消费品及生活服务的精品化是一地消费质量提升的重要标志，是实现消费高附加值的重要途径。为实现精致化发展，消费中心需要树立质量意识、对接通用规范、不断精益求精，在文化设计和内涵赋予、创意策划上多做文章。

三 营造区域浓厚消费氛围

美好消费感受的形成，既在个人，也在环境；既是个人追求的目标，也是众人努力的结果。消费中心既要关注个体的消费品、项目、人员、实体等，又要关注作为整体的消费商圈、消费区域、消费场景、消费蓝图；既要重视物质基础，又要重视文化基础；既要打造可观可闻的实体，又要打造不可观不可闻的气氛。要营造能够让消费者更有消费热情，焕发消费激情的氛围，在消费收益增长、成本降低中不断增加消费者剩余，不断提高其消费满足感。在日常消费中，经常可见一些客人刚到某一消费场所时并没有多少消费欲望，甚至只是来凑个热闹，不消费，但随着消费气氛热烈起来，在大家的影响下，潜在消费欲望竟被激发，也开始消费，大笔消费，消费中心就是要营造这样的消费气氛，释放人们的消费潜能。不得不说，营造浓厚、热烈、让消费者获得高质量享受的消费气氛是消费中心建设成功的关键一环。

第七节　消费中心促进国内大循环的外延扩展机制：通过多样化区域消费产品体系完备内循环

国内大循环是一个复杂而庞大的循环体系，需要从消费端细化这个循环体系[①]，包括消费服务链和产品链、消费品和服务多样化、核心和辅助等。

一　延伸区域消费产品链

一般消费地的消费链短，且链条分散，比如购物只是发挥单纯的商品买卖的作用，不能支撑本区域相关的消费品生产。断头链条多，比如演艺行业只能提供演出，不能提供演员培训。低端链条多，比如茶馆消费只是摆个茶摊，供人简单喝茶休息，没有开设茶楼，没有更丰富的服务内涵。链条分散，比如衣食住行等消费功能都有，但彼此没有联系，不像消费中心的大型商场，既是购物中心也是休闲中心。消费中心在建设过程中，要通过产品链的延伸，形成各类消费你中有我、我中有你、互通互达、扬长避短的局面。而且专业性消费更加专业，通过不断细分产业链，精细化各个服务环节。还要向外围地区及跨区域延伸自己的优势产业链，通过消费转移，获得更多消费经济收益。建设消费中心需要有链的思想，消费链不仅是消费中心的筹划、分析单位，也是建设单位，要围绕链条连通、延伸、互连、精细化等打造消费链体系，以链为单位促进内循环。消费链延

---

① 丁茂战：《形成强大国内市场路径研究》，《行政管理改革》2021年第10期。

伸能够促进内循环的产业对接、区域联系，并深化部门合作。

二 提供综合消费服务

人的服务需求是综合、一揽子的，所以消费中心一方面既要强化专业服务也要配套一般性服务，既要发展精品服务，同时也要在没有实现精品化之前保留一些还显得粗糙的必要性基本服务，也就是说保留全产品服务体系、完整消费体系。要在体系中发展消费，类似旅游中的全域旅游，消费中心也要在时间、空间等更多的维度上实现消费全覆盖。只有坚持系统建设思想，才能形成系统消费，全面激发消费者的消费潜能。一般消费地具备少量特色消费项目已属不易，而消费中心的建设要求则高得多，要广集博收，发挥综合效应，齐备各地各类特色消费。以旅游消费为例，不仅要让游客游得好，还要吃住行游购娱六要素全备，在旅游相关的全系统中发展旅游消费，而不仅仅让游客看一下景点，单纯获得门票收入。

三 核心消费产品带动辅助性消费产品

一个消费中心具有世界竞争力、全国竞争力、地方竞争力的消费服务产品毕竟有限，但具有竞争优势的消费服务产品对于一个消费中心来说是不可或缺的，如果一个消费中心要进行世界竞争，就必须有世界顶尖的消费产品；如果一个消费中心要进行全国竞争，就必须有全国高端的消费产品；如果一个消费中心要有地方影响，就必须有高出周边地区一等的消费产品。高竞争力消费服务产品是消费中心的核心优势所在。正是通过核心优势产品，消费中心才能够与相关竞争区域竞争，获得这些区域更多的消费资源，获取对方市场，同时保证本地消费资源不过多外流，守住自己的市场。所有消费中心都应该具备基本消费服务，它们的价值只有依靠高端、核心、竞争性产品才能够实现。比如一个地方以旅游消费取胜，另一个地方没有优势消费项目，但两地显然都有一般消费项目，基本的事实是，前者不仅旅游消费旺盛，而且相关一般消费也旺盛；后者反之，不仅没有旺盛的主导消费项目，而且一般消费也不旺盛。前者的一般消费旺盛源于主导消费项目旺盛，后者的一般消费不旺盛源于主导消费项目不旺盛。所以作为具备竞争性优势项目的消费中心，能够通过延展辅助性一般消费，带动更大规模、更加强劲的消费经济发展。相应地，具备核心竞争优势产品的消费中心更能够激发当地消费潜力，促进消费资源的流动，并且以消费资源带动生产资源，活跃内循环，壮大区域的国内国际双循环。

第八节 消费中心促进国内大循环的整体机制

机制是事物之间的结构关系和运行方式。经济事物之间往往有着千丝万缕的关系，但其中总有一些关系是强联系，强联系越多，说明事物之间关系越紧密，某一事物能够对另一事物构成更大影响。同时这些强联系也不仅仅是单线路，而是多元复合，彼此协调，基础性、主导性、关键性的强联系复合构成了机制。消费中心之所以能够促进国内大循环，也因为存在一些强联系，各类促进机制只是这些强联系的复合，对其识别需要基于经验及相关理论。本节相关机制识别依据如下：动力机制基于"动力—目标"理论框架，扩容机制基于规模经济理论，内涵深化机制基于高质量发展要求和质量理论，供给机制基于宏观经济学的供求理论框架，资源基础机制源于资源能力理论[1]，外延扩展机制基于系统论、产业链和产业体系理论。在这些机制之间，"内涵深化"和"外延扩展"是供给的两种具体形式，可以说"供给机制""内涵深化机制""外延扩展机制"构成了广义的供给机制。"资源要素""供给"和"消费者"之间的良性互动需要动力机制。在资源要素基础——供给—消费者需求之间还体现了流通与再生产复合关系。外延机制促成了消费中心的扩张。如图3-1所示，中间的大圆解构了消费中心促进国内大循环的机制"黑箱"，正是通过这些中间机制，消费中心促进了国内大循环。

建设消费中心，就要围绕城市消费进行区域基础设施体系、资源体系、产业体系、人力资源体系、政策体系、文化体系等的重构，形成区域

---

[1] 王国顺、周勇、汤捷：《交易、治理与经济效率——O. E. 威廉姆森交易成本经济学》，中国经济出版社2004年版，第48—50页。

图 3-1 机制框架

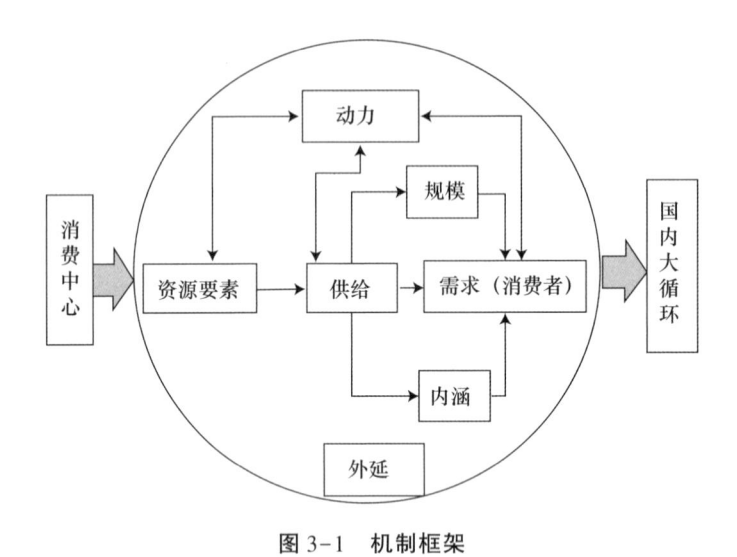

消费产品供应力、消费服务供给力、消费需求力，以区域为单位促进区域间内循环的沟通畅达。其内循环畅达目标是让消费经济在城市、周边和跨区域，乃至全国、全球流动起来，从而在资源要素、产业、项目的流动中增加经济价值。经济增值本来就是在环节中增值，只有流动加速，才能在一个个经济环节中创造出更多的价值。本节围绕消费中心促进内循环的各类机制分别展开论述，具体包括：通过提升区域消费动能加速内循环的动力机制、通过延展区域消费容量扩大内循环的扩容机制、通过强化区域消费供给能力做强内循环的消费供给机制、通过扩充区域消费资源夯实内循环的资源基础机制、通过提高区域消费品质升级内循环的内涵深化机制和通过多样化区域消费产品体系完备内循环的外延扩展机制。无论是对于消费经济发展、区域经济发展，还是对于内需刺激、宏观调控、国际经济协作，这些机制都具有重要意义，需要完善相关配套政策供给。

本章小结

消费中心（城市）是中国特色的经济概念。可以预见，如同中国生产中心的发展，带动形成强大的国内生产供给体系，中国消费中心的发展，也将带动形成强大的国内消费市场体系，促进国内经济大循环。随着国际消费中心城市在中国开始试点，未来中国各省份围绕消费中心的竞争必定越来越激烈。作为一项影响消费经济、区域经济、宏观经济、世界经济的政策举措，建设消费中心有着其内在的促内循环机制。

第四章 消费中心与共同富裕

发展并不仅仅是为了创造财富，也是为了分享财富，要在财富分享和消费中促进财富创造和生产良性循环。共同富裕应意味着收入水平高、物质条件优越、基本生理和生活需求能够得到满足。在经济学中，衡量富裕先要谈收入，只有收入水平高，富裕才有最根本的基础，其他精神、文化等指标才有基本的支撑内涵。当然收入只是基础，甚至只是一种富裕的可能性，富裕最基本的体现应是物质条件优越，在讲究生活质量，提升消费水平的时代，有钱不花，或者钱没有转化为物质条件难以称之为富裕。富裕归根结底与人的需求满足程度有关，一定物质条件下基本生理和生活需求得到满足应是富裕的首要之义。因此，消费体现富裕，消费水平体现富裕程度，社会消费有利于促进共同富裕，需要探讨其中的内涵和机理。

第一节 消费与共同富裕问题的提出

"共同富裕"一词密集出现在党和国家政策文件中，是近年重要的政策用词。党的二十大报告指出，"我们深入贯彻以人民为中心的发展思想"，人民群众获得感、幸福感、安全感更加充实、更有保障、更可持续，共同富裕取得新成效。中国式现代化是全体人民共同富裕的现代化。共同富裕是中国特色社会主义的本质要求，也是一个长期的历史过程。"我们坚持把实现人民对美好生活的向往作为现代化建设的出发点和落脚点"，着力维护和促进社会公平正义，着力促进全体人民共同富裕，坚决防止两极分化。实现全体人民共同富裕是中国式现代化的本质要求。到 2035 年，全体人民共同富裕取得更为明显的实质性进展。① 共同富裕长期以来是中国人民的发展愿景。《中共中央关于制定国民经济和社会发展第十四个五年规划和二〇三五年远景目标的建议》提出,"坚持共同富裕方向,始终做到发展为了人民、发展依靠人民、发展成果由人民共享""支持浙江高质量发展建设共同富裕示范区"②。共同富裕体现了中国体制的根本特征,成为中国经济社会发展现阶段的一件大事,全国上下正在努力进行理论探讨和实践摸索。

对于消费,党的二十大报告要求"加强财政政策和货币政策协调配合,着力扩大内需,增强消费对经济发展的基础性作用"③。该提法内涵丰富,对共同富裕很有启发意义,可从三个方面理解。一是为了推进共同富裕,政府需要协调相关政策,比如协调收入分配政策,正如党的二十大报告所指出的,分配制度是促进共同富裕的基础性制度,要坚持按劳分配为主体、多种分配方式并存,构建初次分配、再分配、第三次分配协调配套的制度体系。努力提高居民收入在国民收入分配中的比重,提高劳动报酬在初次分配中的比重。坚持多劳多得,鼓励勤劳致富,促进机会公平,增加低收入者收入,扩大中等收入群体。完善按要素分配政策制度,探索多种渠道增加中低收入群众要素收入,多渠道增加城乡居民财产性收入。加大税收、社会保障、转移支付等的调节力度。完善个人所得税制度,规范收入分配秩序,规范财富积累机制,保护合法收入,调节过高收入,取缔非法收入。引导、支持有意愿有能力的企业、社会组织和个人积极参与公益慈善事业。④ 二是扩大内需和共同富裕紧密相关,不能充分满足需求,

---

① 习近平:《高举中国特色社会主义伟大旗帜 为全面建设社会主义现代化国家而团结奋斗——在中国共产党第二十次全国代表大会上的报告(2022年10月16日)》,人民出版社2022年版。

② 《中共中央关于制定国民经济和社会发展第十四个五年规划和二〇三五年远景目标的建议》,2020年11月3日,中华人民共和国中央人民政府网(http://www.gov.cn/zhengce/2020-11/03/content_5556991.htm)。

③ 习近平:《高举中国特色社会主义伟大旗帜 为全面建设社会主义现代化国家而团结奋斗——在中国共产党第二十次全国代表大会上的报告(2022年10月16日)》,人民出版社2022年版。

④ 习近平:《高举中国特色社会主义伟大旗帜 为全面建设社会主义现代化国家而团结奋斗——在中国共产党第二十次全国代表大会上的报告(2022年10月16日)》,人民出版社2022年版。

何以表明达到共同富裕？不能有效刺激社会广泛的需求，何以调动社会各界的工作、劳动积极性，为幸福美好的生活而奋斗？没有需求拉动，生产如何发展，共同富裕的物质基础何以建立？消费的基础性作用是多方面的，也是迂回、深远的。消费不仅直接拉动经济，对共同富裕更有基础性支撑和带动作用，消费和共同富裕之间有很多深刻的机制需要揭示。为了学习和贯彻好党的二十大精神，需要围绕消费对共同富裕的基础性作用进行阐释、深化研究。

本章借鉴需求层次理论和消费经济理论，结合改革开放相关探索，在调查研究的基础上展开分析，发现对共同富裕不仅要从方式、基础、条件视角理解，还要从目的、目标、实现角度深化认识，从生产到创收，从收入到消费才是更完备的共同富裕过程。富裕不是为了收入而收入，收入本身一定意义上只是货币符号，还应关注富裕的终极目标，实实在在地生活幸福、富足。换言之，收入富裕不等于生活富裕，收入水平高不等于生活水平高，在高收入和幸福感之间，还需要消费相联系，只有既有高收入，又有高质量消费，才能有"货真价实"的高质量生活，这才是共同富裕的完整内涵，因此需要在"收入—消费—需求满足"的框架下探讨共同富裕。

当前，已有文献涉及富裕、共同富裕和消费之间的关系，如许光建、黎珍羽认为，促进共同富裕，需要着力打通生产、分配、交换、消费各个环节，疏解堵点、消除痛点、攻克难点，从而全力推动共同富裕目标的实现；消费的增长能反过来促进国民经济的发展，为实现共同富裕提供物质基础；消费也是共同富裕的内在要求，是解决生活需求的实际手段，增强人民群众获得感、幸福感、安全感的有效方式。[①] 毛中根、贾宇云、叶胥认为，应秉承实现共同富裕的历史使命，推动居民共享消费发展成果，迈向共同富裕的居民消费发展着力点在于破除"共同"阻碍，推进居民消费均衡发展；增加"富裕"广度，加速居民消费增量扩容；提升"富裕"深

---

① 许光建、黎珍羽：《打通社会再生产各个环节 多途径促进共同富裕》，《价格理论与实践》2021年第9期。

度，着力居民消费提质增效。① 鲁品越、姚黎明认为，在资本主义框架内，发达国家通过调节收入分配，增加公共产品生产和实施福利化政策，治标不治本，且产生成本推进型通货膨胀，由此驱使资本外流，导致国内产业空心化和经济金融化，并进一步将贫富分化演变为国际性两极分化——发展中国家成为贫困的生产国，发达国家成为富裕的消费国。② 现有文献已经提到消费和共同富裕之间的互动关系，但论述仍然偏向收入的消费效应、消费内需激发，仅简单提及消费和富裕之间的关系，而富裕和共同富裕显然还有不同，已有文献缺乏两者之间具体关系的说明，尤其是对相关历史背景、内在机理、系统机制缺少深入分析。本章重点探讨消费的富裕和共同富裕内涵，完备共同富裕的消费因素研究，关注中国以消费促进共同富裕的政策实践，并提出发挥消费对共同富裕基础性作用的相关建议。

第二节 富裕内涵演化：富裕概念的传统起源和现代背景

富裕概念在中国由来已久，在封建社会，富裕更多代表平民百姓的社会理想。一方面历朝历代权贵毕竟是少数，更多的人只能追求富，商人求富，地主致富，市井之人也可以富。另一方面富是所有人的共同理想。富还更多表达了一种美好的生活状态，即家道殷实。从以下几方面可以看出中国历史上的富裕主要与财富拥有量有关：一是封建文化倡导节俭，不论是家财万贯还是略有余粮，花费多少与富裕没有直接关系，也就是说，不管是日常开销大还是开销小，只要家有足够存货或者金钱就叫富裕；二是封建经济主要为封闭农业生产经济，且剩余有限，劳动成果或者家庭财富仅一部分以金钱贮存，相当一部分以实物体现，如土地、耕牛、农具等，这些实物其实是农业生产资料，不能直接作生活之用；三是封建经济属于典型的自给自足经济，货币经济不发达，货币拥有量不多，现代意义上用货币支付的消费活动少。换言之，古代的富裕主要是就生产系统而言，更

---

① 毛中根、贾宇云、叶胥：《中国共产党领导的百年居民消费：进程回顾、思想变迁与民生实践》，《改革》2021 年第 9 期。
② 鲁品越、姚黎明：《"共富"难题与中国方案》，《江海学刊》2020 年第 9 期。

多地体现在生产条件好、生活物资充裕、有一定闲钱。

到了市场经济时代，当我们再讨论富裕时，基本生产条件已经极大进步，社会积累和剩余越来越多，经济社会生活运作方式发生大变革。财富更多是以货币形式体现，而货币可以直接通过购买转化为生活之用。不仅生产分工越来越细，财富形态也越来越多样，比如人富裕了可以仅有生活资料，没有生产资料，而且出现了大量不用直接从事生产劳动而通过货币食利的阶层。随着交易市场越来越发达，经济高度发展，社会不仅交换生活物资，也交换生活服务，出现了专门提供生活服务而不是生产产品的经济。同时，随着社会生产力提高，更多的人从生产系统中"富余"出来，人们有更多的金钱作生活之用，从而也促进了生活活动的社会化，封建时代的富人可能在家玩玩牌就算是休闲，但当今的富人也许要到会所打保龄球、高尔夫才算休闲，因此富裕不仅仅是指生产的财富，还包括生活的丰富。可对富裕的时代内涵变动作以下进一步详细分析。

一 由"富有"到"富有兼富用"

简言之，封建社会有货物有金钱就叫富裕，家财万贯而勤俭度日也叫富裕，但现代商品经济时代，不仅要有物质而且要把物质转化为生活之用，要有钱而且要花钱才叫富裕。一方面，生产和消费的联系性决定了必须花钱才能有钱，一个人手中的钱不花出去，就会影响其他供给产品或者服务、需要货币的人经济价值的实现；另一方面，现代社会生活富裕与货币紧密相关，要生活丰富、富足必须花钱，而不能够像封建地主那样，他们的一应生活之用都来自其掌控的私人田地山林，并将其享受到的社会化服务和消费作为衡量富裕的重要标志。

二 由生产资料到"生产资料兼生活资料"

封建社会的富裕主要以生产资料来体现，其中最重要的生产资料是土地，拥有土地才能实现富裕，所以农民起义者往往将分田地与均贫富联系在一起。但现代社会的富裕既体现于生产资料也体现于生活资料，由于生产的迂回，生产资料已经远远不止是传统意义上的土地，更多的是以机器、设施、厂房等固定资产的形式体现，但除了农产品加工业，工业生产尤其是制造业的大量中间环节并不能提供直接的生活消费物资，所以财富所有者如果仅拥有一定的生产资料但没有在市场中实现其价值，因其可能产生亏损而不能称其为富裕，只有既有生产资料又有生活资料才是完备意义上的富裕。

三　由生产系统到消费系统

随着供给和需求的分离，生产和消费分属于不同系统，富裕的内涵更多体现于消费端。一个工厂主生产再多的产品，只要没有卖出去并获得收入就不能叫富裕，因为这存在产品剩余和亏本风险。这不像封建时代，一个人握有可耕种的土地，一定能够说明其富裕。同时，一个人握有再多的金钱或者金融财富，也不一定就是富裕，因为一方面可能是自有生产投资，投资有风险，甚至一夜之间财富亏损归零；另一方面可能是银行贷款或者社会股份，有限公司即使资本再雄厚也不代表经营者个人富有，资本属于股东权益。只有拥有足够的可支配收入，且货币购买力高，才可能叫富裕。现代富裕的含义更加广泛而系统，一则市场经济的系统性决定了收入需要用来消费，二则人类需求满足需要消费，所以将收入运用于消费，而且能够将足量收入运用于所需求的消费，得到充分的消费满足，才是更完整的富裕内涵。

第三节　富裕的消费实现

富裕不仅仅是收入水平提高，更是由收入而达成的需求更多、更充裕满足。因为收入代表财富，财富是需求满足的基本条件，所以富裕体现了由收入的"富"到需求满足的"裕"，也即由收入高水平再到需求满足高水平、由收入富余到需求满足充分。需求满足需要以消费为支撑，消费是通过花费收入，进行一定的生活活动，达成需求的满足。因而沿着"获得收入—消费—需求满足"的逻辑主线，就可以发现消费在富裕中的意义。消费是收入的流向，收入是消费的基础；消费是需求满足的方式、手段、过程，消费以需求满足为目标。因而在现代社会背景下，对富裕的研究仅仅到收入形成阶段是不完全的，收入获取是富裕的条件，而不是目标，由收入花费,即消费而获得需求满足才是更进一步的富裕内涵。在收入基础上,消费通过多种方式达成需求满足,完善富裕内涵。通过借鉴马斯洛的需求层次理论①,可对消费的需求实现过程做以下区分。

一 富裕的生理消费实现

无论富裕与否,人们都要满足基本生存所需,进行基本的衣食住行消费。值得注意的是某些高收入人士尽管有消费基础条件,但受过于节俭的传统观念影响,倾向于积累不重视消费,对需求满足仅限于基本生理层次。对于一般人而言,日常温饱消费是基本消费,但即使是温饱消费,也有充分与不充分的区别。

二 富裕的快乐消费实现

为达成富裕,还要满足人的精神愉悦所需,如进行娱乐、休闲等消费。在现代社会,快乐不仅仅是自娱自乐,更是借助一定的消费设施,通过他人服务获得快乐,也就是"快乐"的社会化,通过社会化的消费经济获得快乐。这样的快乐更加丰富、新颖,层次可能更高,也因此,快乐不仅仅是个人感受,还涉及了经济因素、社会因素,是经济社会系统的一部分,既有助于消费经济发展,也是消费经济发展的结果。可以说,随着人类消费进入更高层次的情感消费时代,以娱乐为首的快乐消费已经成为我们生活必不可少的组成部分,消费者对快乐的需求催生了一大批快乐品牌②,富裕的快乐消费内涵越来越丰富。

三 富裕的保障消费实现

为达成富裕,还应满足人的基本保障之需,如获得养老保险、医疗保险、失业保险、工伤保险、生育保险及住房公积金,称"五险一金",进行保障消费。当前,随着经济社会发展的复杂化趋势加强,系统性风险越来越大;技术越来越先进,越来越脱离普通人的控制,对人类社会的影响呈现出正负两面性,技术伦理问题不容忽视;全球各国各个区域

---

① Maslow, A. H., *Motivation and Personality* (3rd ed.), India: Pearson Education, 1987.
② 朱红红、孙日瑶:《快乐品牌的经济学分析》,《财经科学》2009 年第 2 期。

越来越紧密联系在一起，国际风险爆发的周期越来越短、频率越来越高，所有的这些因素叠加，导致人们在收入水平提高的同时，需要的保障性条件越来越难以满足。在自然灾害、金融风暴、社会危机面前，个人的财富地位不堪一击。为了提高保障能力，各种保障消费项目得以开发，最典型的是保险服务，通过集体和系统机制尽可能保障投保人有稳定的生活，使人们在自然灾害、社会灾难、个人不测发生时获得救助，降低损失。

四 富裕的安全消费实现

为达成富裕，还必须满足人的安全之需，如获得私人保镖、安防工程、信息监控、调查等社会安全服务。婚姻安全中有信息调查消费，市场安全中有征信消费。更高层次的生活需求满足离不开更高层次的安全感，在生产力水平低、劳动成果少的狩猎年代，一堆篝火就是人类的安全防护。在生产高度发展，社会需求满足越来越丰富、活动空间越来越大的年代，汽车等交通工具盛行，各种交通意外也需要防范，人们出行离不开安全消费。人们住上了高档住宅，但风险如高楼失火等也随之产生，需要配备防火灭火器材及获得远程监控服务。人们的社会活动范围越来越广泛，去人迹罕至的地方需要安全防护。社会诱惑多，对小孩子成长构成威胁，对婚姻家庭构成威胁，需要相应的安全服务。当前，全社会安全相关服务需求越来越多，投入越来越多，消费越来越活跃。

五 富裕的健康消费实现

为达成富裕，还要满足人的身体健康和心理健康之需，如进行康养、运动、医疗消费等。追求身体健康是人类自古以来的生活理想，身体素质和寿命可以表征人们健康的"富裕"程度，正是因为健康服务水平越来越高，人们通过消费相关服务，更可能维持良好身体状态，延长寿命。健康由自我服务不断发展到社会服务，由自给自足不断发展为社会经济，比如以往户外自助的日常跑步等简单锻炼行为，在当前已经演变为以健身馆等为代表的商业性、体系性、配套性消费活动；以往身体不适在家的休息已经变成康复中心的休养消费，就连传统盛行的居家养老也更多地转化为老年公寓、养老院、康养中心的养老消费。体现老年人富裕的越来越不是金钱，而是健康的身体、能够获得的良好养老服务。

六 富裕的社交消费实现

为达成富裕，还需要满足人的社会交往之求，如进行社交消费。在中国，社交经济一直是消费经济的重要组成部分。在社会交往中人们联络人情、交流感情、回报他人、尊师重友，这体现了个人尊严，为个人贴上身份标签，建立或者稳固特定私人关系，如恋爱，往往免不了请客送礼，还有参与其他各类社交活动。在此过程中消费活跃，消费范围广，而且连锁效应明显，比如朋友间交往，今天我请你，明天你请我，不断轮流和扩大圈子，产生极强的消费后效应，服务其他各种衍生需求。一个人的富裕程度也往往体现其社会消费多少，如果收入只够个人生存，就不可能拿出更多收入用于社交，既不敢邀请他人吃饭，也不敢接受他人邀请。社交消费越多，说明一个人能用于个人生存之外的社会消费的闲钱越多，富裕程度可能越高。社会消费的群体性特征明显，往往伴随一定的消费场景，带动浓浓的消费氛围。此外，消费越多，社会财富规模越大、范围越广。

七 富裕的自我消费实现

富裕的最高层次应是人的自尊和自我实现需要得到满足。人因为追求自尊、自我实现而需要消费，如教育消费，通过买书阅读、上培训班而提高自身能力素质，这是对自我的更高层次追求，是自我尊重的表现，也是实现一个更高层次"自我"的方式。自我实现包括人格独立、理想实现，是人对高层次目标的追求，为此人们需要自我投资，进行自我消费。一个更高文明程度的自我，往往也是更加富裕的"自我"，不仅对社会的需求满足，更是对自我的需求满足。人是在社会建构和自我建构中不断发展的，同时人的发展也是两类发展相辅相成。随着经济发展、生活水平提高，个人和社会财富积累更多，人们将更多通过消费来实现自我，比如现在很多家庭老人和年轻人分开居住，但居住地距离近，就是既保持好传统的家庭小社会，同时也实现了自我发展。这在传统生产力低的时代不可想象，那时候往往是几代同堂，众多家庭成员同住一屋，使个性和自我发展受限，年轻人听命于老人，或者老人迁就年轻人，个性受到压抑不可避免，为了大家庭、家族发展而牺牲小家和个人利益更是常见。可以说，现代住房消费的发展，促进了人们的自我发展，更有利于大家的自我发展消费。

第四节　消费的富裕内涵

收入只是体现富裕的可能性，只有消费才能实实在在表征富裕，并对富裕社会产生全面影响。消费有着多重富裕内涵。

一　消费"富"经济

消费使生产经济的价值得以实现，同时更多的消费拉动生产经济发展。没有消费，工厂生产的产品就会滞销，产品滞销直接导致投资无法收回，工人劳动白费，资源无谓投入，严重者甚至导致生产系统崩溃。在经济循环中，要畅通生产系统，必须着重在消费端发力，通过先期产品出售，促进后续产品生产。如果要发展经济，必须在资源环境可承受的条件下，摒弃保守消费观、只生产不消费观、仅积累不消耗观，经济规模的扩大一定是在生产和消费中共同完成的，经济水平的提高一方面要有生产水平的提高，另一方面也要有消费水平的提高。也就是说，没有消费者的认可，产品生产质量就难以得到验证；没有消费的需求规模，也就没有生产的供给规模。对于一国经济内循环，只有消费更多才能生产更多，而传统所言只有生产更多才能消费更多只是在供给短缺、消费需求没有满足的情况下才可能出现，在供给已经大发展的情况下，一般消费需求已经满足，能否激发新消费需求，满足更高层次消费需求成为经济发展的重要突破口。当前中国就处在这样的发展阶段，一般的消费场所经济功能越来越有限的原因在于基本消费已经饱和，需要建设消费中心，尤其是国际消费中心，刺激更加多样化、更加新鲜、更高层次的消费，以拉动生产制造的进一步发展。① 消费"富"经济就是指在消费拉动生产经济达到一定程度之后，一国要实现进一步富裕，就需要以更高水平的消费中心建设带动生产经济、服务经济更高水平发展。

二 消费实现"富裕"

用一句通俗的话说，货币只不过是一张纸，有钱还要是自己的钱、能够花出去的钱，钱要变成实实在在的需求满足，收入要变成消费生活。金钱不应该是人生的目标，尽管可以勉强称为工具性目标，毕竟生活没有钱不行。而富裕堪称人们普遍的生活目标，因此富裕与收入多不是同一个概念，尽管后者有表征作用，富裕应有包含收入在内的更丰富内涵。此外，金钱不仅仅是财富意义上的，还是道德意义上的，比如古人云不能"为富不仁"，可以说富裕更多是褒义的，而金钱是中性的。也就是说，富裕不是抽象的，而是具体的；不是形式上的，而是内容丰富的；不是外在的，而是底蕴深厚的。要实现完整意义上的富裕，或者说要达成真正的富裕，还需要消费过程。消费有多种富裕过程含义。

（一）从财富到道德

消费实现富裕的道德内涵。通过消费能够践行道义，担负社会责任。比如多购买，哪怕以高于市场同类产品的价格购买来自欠发达、贫困地区的产品，就具有帮助欠发达地区、扶助贫困群体的意义。多消费福利工厂的产品，也是在帮助残障人士。在国际领域，消费更能体现道义，对于与倒行逆施的国家、公司实体、个人相关的产品进行抵制，就是匡扶正义，是爱国、爱全人类的表现。

（二）从抽象到具体

消费使富裕具体化。货币只是符号，是富裕的抽象代表，要通过消费，将货币从符号变成需求满足的商品和服务，这样的富裕才是具体的。也就是说，只有通过消费，富裕才能从抽象的收入变成具体的物质和服务。

（三）从形式到内容

消费体现富裕的内容。要通过消费将外在形式上的收入变成内在有实

---

① 周勇：《中国消费中心发展升级的理论和实践》，《东南学术》2022年第3期。

质意义的生活，充实富裕的内容。富裕不能仅仅是银行里的数字，更体现在各种消费场合。也就是说，收入只是富裕的表面形式，只有通过消费，富裕才有其内在内容，才能达成实实在在的生活需求满足。

（四）从表象到实质

消费更是富裕的实质。富裕更本质的内容是生活满足水平高，收入多并不代表生活满足水平高，甚至收入高还可能生活满足水平不高，比如不少有钱厌世者，有钱愤世嫉俗者，他们的生活称不上真正意义上的富裕。收入多是富裕的初步条件，只有通过收入支出，在消费中获得需求满足，才能实现生活满足水平高。有钱厌世者往往拒绝世俗消费，是典型的有钱而不富裕者。有钱但愤世嫉俗者许多是因为消费了不恰当的商品或者服务。如果以快乐来衡量生活满足水平，大量的调查也表明，人们的快乐程度并非与收入所得成正比，相反，收入所得和快乐的正相关性很低。[1]

三 消费再创"富裕"

生产能够创造价值增值，带来收入，但生产创收只是经济创收系统的一部分，此外，现代社会还能通过提供消费服务创造收入。可以将经济从资源要素到需求满足的创收过程分为两个环节，在第一个环节，我们称之为生产环节，一个厂商开办工厂，生产产品，再出售产品，其获得了成本之外的利润收入，无论这种收入是资本收益、企业家收益，还是工人劳动收入，工人获得劳动收入后，会进行生活消费。在第二个环节，厂商作为消费服务商出现，提供消费服务需要雇用服务员，而且通过提供消费服务，服务商获得成本之外的利润收入，无论这种收入是资本收益、企业家收益，还是服务员服务收入。因此，如果只从事第一个生产环节，这个经济只是开展了有限的生产经济活动，创造了生产劳动收入，但如果继续从事第二个消费环节，这个经济就开展了更多且更加无可限量的消费经济活动，获得了进一步的消费服务劳动收入。因此生产之后再进行消费，能够深化和扩展经济，创造更多收入，整个社会更加富裕。生产创收加上消费服务创收才构成完整的经济创收系统，而且随着自然资源约束趋紧，物质

---

[1] 朱富强：《所得、快乐与赋税：基于黄有光快乐经济学的审视》，《中南财经政法大学学报》2010年第1期。

生产的潜在可能性降低，人类基本物质需求的满足达到一定的饱和，通过消费服务创造收入的潜力将越来越大。

四 消费共同"富裕"

消费共同"富裕"具有多种内涵。

(一) 消费促成人们一道奔向富裕

通过消费，无论是生产者还是消费者都可能富裕，甚至一起消费的消费者也可能共同"富裕"，因为大家一道消费，产生热烈的消费气氛，创造更加有吸引力的消费场景，各自从中获得更多的消费满足。消费具有投资再生性，消费不仅是花费财富，也是创造财富。一方面，在消费过程中帮助产品回笼，让投资者、生产者实现财富价值；另一方面，更在消费过程中对相关服务产生需求，从而再衍生出投资和服务项目，创造更多就业机会，给更多人带来收入，实现更多投资增值。通过消费，不仅在生产中产出富裕人群，更在消费中产出富裕人群，从而可能达成更多人、更大范围的共同富裕，这里的范围包括部门、行业、领域、区域、民族、年龄、教育层次等。

(二) 消费具有共同体特征

消费是社会联结的工具和方式，通过一起消费，能够有效建立起人与人之间的关系。许多人在共同的消费中由陌生人变成熟人，通过彼此支持而使生活更加美好，事业更加成功。比如现在的广场舞群体中，许多人通过跳舞熟悉后，建立微信群，彼此相识、相熟，之后的共同活动不仅仅是跳广场舞，还会一起去歌厅唱歌，一起去旅游，带动系统消费活动，生活更加丰富多彩。还有的人通过网络消费群体，互相介绍生意，甚至招工一类的业务活动也在其中完成。

(三) 消费带来群体共享

社会消费更多是群体性的，需要依赖一定的场景，新型消费的形成更有赖于新场景，场景之所以能够刺激消费，就在于能够营造一定的人情味、现场感，从而带来美好消费体验。社会消费也是通过消费项目多样化、内容综合化在特色和多元中带动消费者群体性消费。富裕有着共享内涵，消费尤其是群体消费有助于共享性富裕实现。

第五节 以消费促共同富裕

2021年5月发布的《中共中央 国务院关于支持浙江高质量发展建设共同富裕示范区的意见》（以下简称《意见》）提出，要构建产业升级与消费升级协调共进、经济结构与社会结构优化互促的良性循环，更好满足人民群众品质化多样化的生活需求，富民惠民安民。[①] 共同富裕是中国经济社会发展现阶段的一件大事，全国上下正在努力探索，包括理论探讨和实践摸索。

一 中国以消费促共同富裕存在的问题

党的二十大报告指出，到二〇三五年，我国发展的总体目标之一是，人民生活更加幸福美好，居民人均可支配收入再上新台阶，中等收入群体比重明显提高，基本公共服务实现均等化，农村基本具备现代生活条件，社会保持长期稳定，人的全面发展、全体人民共同富裕取得更为明显的实质性进展。[②] 扩内需、刺激消费、推进共同富裕都是国家政策层面的大事，进行彼此之间的政策协调，发挥相互之间的系统促进作用很有必要，但当前中国发挥消费的基础性作用，以消费促共同富裕还存在诸多阻碍因素。

（一）对消费在共同富裕中的作用认识不够

对富裕及共同富裕内涵不完整的理解不利于中国共同富裕的理论发展和实践探索。《意见》指出，要落实构建新发展格局要求，贯通生产、分配、交换、消费各环节，在率先实现共同富裕进程中畅通经济良性循环。共同富裕应该体现在以"生产、分配、交换、消费"为特征的完整经济过程之中，但总体来看，当前个别地方关于共同富裕的政策思路更多体现了生产制造经济的逻辑，而没有从消费经济转型的背景下更全面把握共同富

---

① 《中共中央 国务院关于支持浙江高质量发展建设共同富裕示范区的意见》（2021年5月20日），2021年6月10日，中华人民共和国中央人民政府网（https://www.gov.cn/zhengce/2021-06/10/content_5616833.htm）。
② 习近平：《高举中国特色社会主义伟大旗帜 为全面建设社会主义现代化国家而团结奋斗——在中国共产党第二十次全国代表大会上的报告（2022年10月16日）》，人民出版社2022年版。

裕特质。政策实施关注最多的是分配,其次是生产,对交易和消费仅有涉及。对交易和消费的地位认识不足制约着中国推进共同富裕工作,对消费和共同富裕之间的联系机制的探索和政策设计有待跟进。

(二) 人民群众在消费中享受到的富裕实惠不够

当前关于共同富裕的工作部署更多集中在生产制造环节,一方面从存量的角度,对收入、财富如何转化为实实在在的生活需求满足的问题缺乏关注;另一方面从增量的角度,对人民群众如何从现有收入中获得更加实惠、更高质量、新颖的消费的问题缺乏关注。以有限的消费资金获得更加美好的消费体验也是富裕程度增强的一种体现。在传统消费刺激乏力的背景下,中国没能进一步充分扩充消费内涵,创新技术,发展新型消费,最终导致消费疲软。

(三) 没有发挥好消费的"造富"作用

产业分为生产制造业和服务业,而服务业又分为生产服务业和生活服务业,这些产业都能产生经济增加值,即创造财富,构建共同富裕的物质基础。而消费涉及消费品供给、消费服务供给,其中消费品供给与生产制造业、生产服务业直接相关,消费服务供给与生活服务业直接相关,即消费能够带动财富创造,不仅增加消费的财富基础,或者说消费创造自己的财富基础,而且带来消费者的消费满足。在中国有关共同富裕的研究、指导性文件和具体实践中,缺乏对消费"造富"的关注。

(四) 消费质量不高导致富裕质量不高

不少人财富积累已经达到一定的水平,却存在不会消费、简单消费、消费层次低,甚至消费庸俗、消费违规、违法消费等问题。比如不少群众有钱无处消费,或者有消费项目但消费积极性不高,消费低水平重复,幸福感不够强。还有的把消费当炫耀,看作面子工程,讲排场。这些人虽然富了,但富裕质量并不高。还有些人富了,却引起了社会矛盾,如为富不仁,有失中国共同富裕的本意,这些都是中国共同富裕发展过程中亟须重视的问题。

(五) 没有通过发展区域消费促进共同富裕

忽视了区域消费,特别是消费中心建设在共同富裕中所能发挥的作用。《中华人民共和国国民经济和社会发展第十四个五年规划和2035年远景目标纲要》提出，要培育建设国际消费中心城市，打造一批区域消费中心。① 消费中心对于生产制造业发展条件差的中西部地区和"老少边穷"地区而言，是一条重要的发展路径，能够通过消费经济发展规避生产经济发展的不足，实现区域经济更大规模、更高层次发展。② 但当前对于缩小消费和消费中心的城乡区域发展差距，实现公共服务优质共享，促进共同富裕的功能作用、机制路径等问题，理论界缺乏探索，相关部门也没有给予应有的重视。

二 通过消费中心建设促进共同富裕的思路

需要从消费角度更深入全面理解共同富裕，从消费端完善中国共同富裕的相关政策，在共同富裕具体工作实践中强化消费抓手，发挥好消费的基础性机制作用。

（一）充分认识消费在共同富裕中的作用

明确发展消费是共同富裕工作必要而重要的组成。需要改变生产制造经济逻辑，适应消费经济转型的需要，在以"生产、分配、流通、消费"为特征的完整经济过程中定位共同富裕。广义的消费包括供给方面的消费品生产、消费服务提供；消费的资源基础，主要是消费资金分配；消费资源和要素的流动，主要是流通；狭义的消费，要推动广义消费对共同富裕发挥全方位影响力。狭义的消费从消费者角度提出，主要是指满足消费者的需求，具体涉及富裕落实。要促进消费资源培育、消费者能力培育，广泛开展社会性、市场化的消费活动，做强消费项目，创新消费业态，壮大消费产业，强化消费基础设施建设，完善相关消费体制机制。

（二）让人民群众从消费中享受到实质性富裕

要鼓励人民群众追求美好生活，敢于消费，崇尚生活价值，倡导生活并不是财富积累的消费观念，提倡以需求满足为目标，将静态的财富积累变成动态的消费，实现富裕。发展各类新型消费，以新业态新模式为引

---

① 《中华人民共和国国民经济和社会发展第十四个五年规划和2035年远景目标纲要》，2021年3月13日，中华人民共和国中央人民政府网（https：//www.gov.cn/xinwen/2021-03/13/content_5592681.htm）。

② 周勇：《中国消费中心空间发展：动力、扩张及路径》，《求索》2022年第5期。

领,加快推动新型消费扩容提质,持续激发消费活力。推动线上线下消费提速增效,鼓励传统零售企业数字化转型升级改造,推广智能烹饪机和无人售卖餐吧,引导餐饮、超市、菜市场、药店等拓展线上渠道,发展线上团购、无店铺经营等销售方式,打造"云上商店""云上街区"。支持沿街商户布设24小时智能售卖机,为群众夜间购物提供便利条件。强化地铁生活服务载体功能,在具备条件的地铁站外建成一批"地铁e站"便民售卖车。支持家政企业推出线上咨询、手机预约、视频交流等云服务,开展共享保姆等新业务。发展直播经济,鼓励政企合作建设直播基地等。①

(三) 充分发挥消费"造富"作用

要大力促进消费,建设消费中心,推进消费创新、创意、投资、创业。一方面不断提高消费企业运营能力、项目建设水平、产业发展层次,通过占据更高水平的消费价值链构建区域消费竞争力,不断扩大消费经济财富;另一方面加强消费人力资源培养,创造更多的消费就业机会,让人民群众从消费就业中获得更多的收入。

(四) 培育消费素养提高共同富裕的质量

倡导正确的消费导向,抵制奢侈性消费、炫耀性消费、超前消费、过度消费、一次性消费、虚假消费、非理性消费、消费膨胀、消费不公等一系列消费异化之风。②加强全民契约精神培养,强化公共道德宣传和教育,引导公共文明消费意识形成和实践推广,逐步完善社会信用体系建设。通过中小学美育教育、素质教育、情趣兴趣培养、消费技能培训等方式,强化公民消费素质,以高质量消费促进高质量富裕。

(五) 通过发展区域消费促进共同富裕

重视区域消费中心③、区域消费经济增长极在带动区域消费乃至区域经济中的重要作用。共同富裕在中国中西部地区、农村地区、"老少边穷"地区工作任务艰巨,这些地区生产经济发展条件差,且远离制造业中心地

---

① 《天津市加快发展新型消费实施方案》,2021年8月13日,天津政务网(http://www.tj.gov.cn/zwgk/szfwj/tjsrmzfbgt/202108/t20210813_5533678.html)。
② 赵义良:《消费异化:马克思异化理论的一个重要维度》,《哲学研究》2013年第5期。
③ 《商务部等14部门关于培育建设国际消费中心城市的指导意见》,2019年10月14日,中华人民共和国文化和旅游部网站(https://www.mct.gov.cn/preview/whhlyqyzcxxfw/yshjxf/202012/t20201217_919690.html)。

区，发达地区"虹吸效应"严重，但并不缺少消费经济发展的人口规模和支付基础，随着国家乡村振兴、绿色发展等转移支付力度加大，这些地区消费能力将增强。要在中西部地区加快建设消费中心城市，以弥补生产经济发展短板，在已有经济发展条件下，推进区域经济增长极的形成，带动更广阔区域的共同富裕。

第六节 消费中心促进共同富裕的一般性结论

共同富裕是社会主义的本质要求，也是中国式现代化的重要特征[①]，与内需激发、消费发展有着紧密的内在联系。为实现共同富裕，需要着力需求满足，发挥好消费的基础性作用。而培育和建设消费中心，是发挥好这一基础性作用的重要抓手和载体，这也意味着共同富裕，促进共同富裕的消费经济发展，也应是消费中心培育和建设的重要目标之一。

本章将共同富裕分为发展的两个过程，即收入水平共同提高的过程和收入转化为共同消费的过程。其中收入共同提高既包括绝对收入水平的提高，还包括相对收入水平的提高，绝对收入水平的提高是指平均水平的提高，相对收入水平的提高是指收入的均等程度，即通常所说的贫富差距小。可以看出绝对收入水平高不等于相对收入水平高，一个国家可能有很高的 GDP，私人财富多，也即绝对收入水平高，但仅限于少数富裕群体，也就是说贫富分化，绝大多数财富掌握在少数人手中，也即相对水平低。反之，一个国家可能只有很低的 GDP，居民收入水平整体不高，也即绝对收入水平低，但居民收入较为平均，贫富差距小，也即相对水平高。显然，共同富裕中涉及的收入水平高，既包括绝对收入水平高，也包括相对收入水平高。不能仅仅把共同富裕看作共同收入水平提高，从而把其研究局限于收入分配领域。富裕不仅包括收入水平高，也包括收入转化为消费的水平高，消费水平高。当然，收入转化为消费的水平高与消费水平高不能等同，比如一个人可以通过信贷，通过今天透支明天，现在提前消耗未

[①] 习近平：《扎实推动共同富裕》，《求是》2021 年第 20 期。

来来提高消费水平，当前消费不是已有收入水平的结果。为精确起见，本节谈共同富裕所指高消费是指收入转化为消费的水平高，或者说高收入转化为高消费。

对本章结论可进一步概括如下：

发挥消费的基础性作用，进一步从消费乃至消费中心建设的角度全面理解共同富裕，对于实现共同富裕具有重要意义。一是方法论意义，为了推进共同富裕，需要在方法路径上创新，不仅要在生产、创收上努力，在共同生产、共同创收上努力，在分配上提高均等化程度，还要在消费、共同消费上努力，通过消费实现富裕、再创富裕，达成共同富裕。二是政策意义，为了推进共同富裕，不仅要有生产和分配领域的政策激励，还要有交换和消费领域的政策激励，当前尤其要补上后者的政策短板。到目前为止，关于共同富裕的整个过程，学术界更多研究了共同收入提高的过程，对消费水平提高，尤其是将收入转化为消费、共同创收转化为共同消费、高收入转化为高消费的过程研究相对较少。本章只是在一定程度上弥补了此短板，发挥消费对共同富裕的基础性作用，无论是理论研究还是实践探索，都还有待深入。

本章小结

党的二十大报告指出，要加强财政政策和货币政策协调配合，着力扩大内需，增强消费对经济发展的基础性作用。消费的这种基础性作用也包括对共同富裕的基础性作用。富裕不仅仅是收入水平提高，更是需求的更多满足，这离不开高质量消费，需要从生产、分配、交换、消费全过程理解共同富裕。当前关于共同富裕的研究更多处在收入分配阶段，没有充分进入消费阶段；在条件创造阶段，没有进入实施阶段；更注重研究共同富裕的方式和手段，较少研究共同富裕的内容和目标。富裕概念有其传统起源和现代背景，内涵演化的逻辑清晰，包括由"富有"到"富有兼富用"、由生产资料到"生产资料兼生活资料"、由生产系统到消费系统。借鉴需求层次理论，可发现富裕的消费实现包括富裕的生理消费实现、快乐消费实现、保障消费实现、安全消费实现、健康消费实现、社交消费实现、自我消费实现等过程。消费具有消费"富"经济、消费实现"富裕"、消费再创"富裕"、消费共同"富裕"等富裕内涵。当前中国推进共同富裕的消费抓手还比较薄弱，要强化认识，完善相关体制机制，发挥消费的基础性作用，推动共同富裕。

第五章 消费中心人口

劳动力是重要的生产要素，劳动者也是消费者，是重要的消费要素。消费中心建设虽然离不开消费设施的打造，但更离不开消费者的聚集。吸引居住人口，吸引消费者是消费中心建设的重要任务，比如要打造一流的消费中心，离不开高水平生活宜居地建设，要有一定的居住者或者购房人群，居住消费才能发展起来。

第一节 消费现代化与人口规模巨大的现代化

党的二十大报告指出，中国式现代化是人口规模巨大的现代化。人口是重要的经济资源，具有生产要素和消费资源功能，因此从人口角度看，中国式现代化是富有优势、充满机遇的现代化。《国家发展改革委关于培育发展现代化都市圈的指导意见》（发改规划〔2019〕328号）提出，应顺应人口流动和空间演进趋势，科学确定都市圈功能定位。①《国务院办公厅关于加快发展生活性服务业促进消费结构升级的指导意见》（国办发〔2015〕85号）提出，应根据人口结构发展趋势，创新服务业态和商业模式。② 2020年《中共中央 国务院关于新时代推进西部大开发形成新格局的指导意见》提出"促进西部地区经济发展与人口、资源、环境相协调"

---

① 《国家发展改革委关于培育发展现代化都市圈的指导意见》，2019年2月21日，http://www.gov.cn/xinwen/2019-02/21/content_5367465.htm。
② 《国务院办公厅关于加快发展生活性服务业促进消费结构升级的指导意见》，2015年11月22日，中华人民共和国中央人民政府网（http://www.gov.cn/zhengce/content/2015-11/22/content_10336.htm）。

"有序推进农业转移人口市民化"①。人口是城市、消费发展的重要因素，农村人口非农转化左右着中国区域经济、城市经济发展格局。

无论是生产还是消费，都需要人，前者是作为劳动者的人，后者是作为消费者的人和作为消费服务提供者的人。完备的经济既要有生产环节，也要有消费环节，两者中任何一个都很重要。要建设消费中心（城市），消费人口的功能作用不能缺失。② 近年中国已经充分认识到经济中"人"的重要性，不仅质量重要，规模同样重要。国家为稳定人口规模，逐步放开了生育政策；为培养既为生产也为消费服务的人才、一般劳动力和高层次人才，改革了终身教育体系，提出职业教育、学历教育和继续教育都要发展。而地方层面也纷纷推出人口入户优惠和人才吸引政策，既为当地储备了一般劳动力资源和高层次人才，也吸收了消费人口，活跃了社会消费。

消费现代化是现代化的重要内涵，需要结合人口规模巨大这个特征研究消费现代化，兴利除弊，扬长避短，努力发挥人口规模巨大的优势是人口规模巨大现代化的基本原则。可以说人口对于一地消费经济发展意义重大。随着商务部等 14 部门《关于培育建设国际消费中心城市的指导意见》等文件出台，国家层面开始试点上海、北京、天津、广州、重庆等国际消费中心（城市）建设，而地方层面也掀起了消费中心（城市）建设的高潮，如辽宁省沈阳市和大连市携手开展国际消费中心城市试点建设。党的二十大报告指出，要增强消费对经济发展的基础性作用。消费中心（城市）是新时期发挥消费促进经济发展基础作用的重要抓手。但理论界关于人口发展经济意义的探讨，更多在生产经济层面，较少在消费经济层面。鉴于人口与消费、消费人口与消费中心建设的重要性，需要系统、深入研究消费中心建设的人口因素。

第二节 已有研究的分析

（国际）消费中心（城市）作为政策概念提出的时间不长，同时，培

---

① 《中共中央 国务院关于新时代推进西部大开发形成新格局的指导意见》，2020 年 5 月 17 日，中华人民共和国中央人民政府网（http://www.gov.cn/zhengce/2020-05/17/content_5512456.htm）。

② 周勇：《中国消费中心发展升级的理论和实践》，《东南学术》2022 年第 3 期。

育建设国际消费中心城市,打造一批区域消费中心又是21世纪以来中国基于改革开放伟大实践而提出的经济命题,对概念进一步厘清、对相关文献进行梳理有其必要。

中国国家层面提出建设消费中心的时间还不是很长,实践和理论层面的探索都较缺乏,但实践推进可以称得上紧锣密鼓,消费中心及区域消费人口研究较为迫切。当前有关消费中心的研究中,仅有部分涉及人口因素。如刘司可等认为,人口要素可以在城市形成高效的国内国际双向循环,为城市消费提供充足的国内和国际购买力,高国际来访量是国际交往型城市培育国际消费中心的重要目标,相比单纯扩大城市常住人口规模,提高城市人员流动速率更有利于促进城市保持长久消费活力,应在城市人口双向流动方面着力推进国际消费中心城市建设。① 郭军峰发现人口流动是影响消费中心城市建设的重要因素,主张合理引导人口流动,吸引更多高素质人群落户本地,放宽城乡劳动力流动门槛。② 还有的文献研究了人口对整体经济的影响,间接与本节的主题相关,如刘永凌认为,人口红利曾经助推了中国经济社会的发展,但2012年以后,中国人口年龄结构优势逐渐消失,人口老龄化趋势逐渐显现,人口年龄结构优势对经济的助推效应逐渐减弱。因此适时调整生育政策,优化人口年龄结构是关系中国未来几十年发展的长久之计。③ 值得说明的是上述讨论还不够充分,对于生产经济而言该结论较适应,但对于消费经济而言却有不同表现,人口老龄化会带来老年消费,所以其对经济的影响应依情况分别探讨。相关文献都是在消费中心综合探讨中提及人口因素,至今缺少突出人口因素、全面探讨消费中心建设人口因素的文献。无论是消费服务提供,还是最终消费刺激,都离不开人,包括为消费服务的人员及消费人口。本章在综合已有文献的基础上,重点探讨消费中心城市建设的人口因素,以丰富现有的人口发展理论,进一步明确消费人口在区域经济发展中的重要性,从人口角度

---

① 刘司可、路洪卫、彭玮:《培育国际消费中心城市的路径、模式及启示——基于24个世界一线城市的比较分析》,《经济体制改革》2021年第5期。
② 郭军峰:《我国消费中心城市识别、集聚特征与驱动因素——基于空间计量模型的研究》,《商业经济研究》2020年第20期。
③ 刘永凌:《马克思人的再生产理论对破解我国人口老龄化趋势的启示》,《学习与探索》2020年第9期。

提出消费中心发展的政策建议。

第三节 区域消费基于人口

生产可以是物质生产，尤其是资源采掘和中间品生产，这与人的需求的关联性不是那么直接，但消费却必须是人的消费，须臾离不开人。尽管也有物质消费，但其中的物质只是消费对象，具体消费还必须由人主导完成。生产中可以不断缩减人员规模，甚至很多环节已经实现无人化，如大机器生产、人工智能引入的生产环节，但消费场景中必须有人，而且人员参与越多，消费场景越宏大、气氛越热烈，消费越能够被更有效刺激。因此，基本可以得出一个结论，生产经济可以不断减少人，但消费经济必须有人，而且参与消费的人员越多越好。这是人口之于生产经济和消费经济显著不同的地方，是新时期人口对经济影响研究的重要视角和出发点。可以从以下几个方面进一步分析消费对人口的依赖。

一 消费是为了"人"

经济是为了人类生存和活动而发展起来的，在人的生产和生活方面，生产是手段，生活更是目标。生活是人——无论是追求美好生活的人，还是再生产的人[1]——所追求的。关于人类生产生活有两个具体内涵，一是人作为有生命的个体，生活的需要相比生产的需要更重要，原始社会的人更多的是采摘，少有当前意义上的生产劳动。在现代社会，如果条件许可，一个人可以更多地生活消费，更少地生产劳动，甚至极端情况下只进行生活消费，而不生产劳动，同时这是被允许的，因为满足了最本质的人生需求。二是人们要通过消费"再生产"自己，通过生活消费如餐饮获得身体能量补充，放松心情，休闲快乐；通过继续教育消费，提高自己的能力水平；通过医疗消费，维护身心健康。所以消费以"人"为目标。

二 消费是人的消费

消费是人的消费，不能离开人而谈消费。也就是说，消费是以人为中

---

[1] 《马克思恩格斯文集》（第1卷），人民出版社2009年版，第519—520页。

心的，消费经济以消费者为纽带，消费者出现在哪，消费经济才能在哪发展。一个区域的消费应该合乎人性，适应真真切切的人的美好需求，才能让人乐于消费，愿意前来消费。而且这个"人"更多是围绕生活的人，而不是生产的人，消费有关的文化、法规、基础设施、场所都要友好，而不是仅为生产者服务，为资本服务。比如应营造轻松休闲的气氛，而不是紧张、追求效率的生产文化。在这个意义上，追求生活的根本、生活友好、适应消费者成为一个地方消费经济发展的根本遵循，要营造优美的人居环境、旅行环境、购物环境，让作为居民、旅游者、购物者等的各类消费者宾至如归，这个"归"不仅是指类似自己的家，归于家，有家的亲近感，还包括心灵家园，归于内心，合乎内心的美好感受。所以消费以人的需求为宗旨。

三 消费是人的场景

消费不仅仅以人为基础，还需要以人为场景。这是单个人消费和一群人消费的区别。同样的消费项目，单个人消费量有限，比如啤酒消费，消费者在个人场合可能消费一瓶就满足了，但如果群体聚集消费，互相促发，一同欢庆，个人消费量很可能就不止一瓶了。消费经济发展需要营造这样一种场景效应，即一群人消费所产生的总体远大于部分之和的效应。还有，许多消费项目在一定的群集性场景中给消费者带来的体验可能更优，比如观看体育比赛，大多数体育爱好者都喜欢亲临现场观赏，一群人为自己的偶像喝彩。在这个意义上，一个地方谁能够聚集到更多的消费人群，谁的消费氛围就可能更热烈，就更能发展起消费经济。

四 消费是人的即时活动

人的消费活动不能储存。人的消费根据人的需求，在特定阶段完成，具有时间依赖性。所以为了消费，人们往往需要在一定的时间，亲临现场。消费经济也只产生在有人消费时，在这个意义上，消费经济和生产经济是不同的。可以说，人消费了某个产品，这里所表达的经济含义，既包括生产也包括消费。比如A地的消费者消费了B地生产的产品，在这个过程中，B地从事了生产活动，A地从事了消费活动，各自得到了生产经济和消费经济带来的好处。更进一步说，B地得到了生产利润，A地得到了消费服务利润。光生产并不一定带来消费，甚至因为有好的消费服务，A地还吸引生产制造地B地的消费者前来消费，B地仅获得了当地人的生产经济好处，消费经济好处流向了A地，B地居民可以成为A地消费者，促进A地消费经济发展。在这个意义上，哪个地方做好消费服务，让更多人，包括本地人外地人、本国人外国人的消费在当地完成，哪个地方就更能够获得消费经济的好处。

第四节 人口是消费中心建设的基本因素

人口规模极大地决定着消费规模，人口构成影响着一地消费产业的构成，人口层次决定着一地消费经济发展层次。在消费中心建设过程中，包括消费人群和服务消费的人力资源在内的人口发挥着基础性作用。

一 本地人口量决定着消费中心本地基本消费规模

人口跨区域流动毕竟需要花费成本，所以除非有显著吸引优势，其他区域的消费设施很难吸引走本地消费。而且单纯为了消费而跨区域流动往往是临时性的、偶发性的，人们异地消费流动不像异地生产流动那样，需要长时间停留，一般异地消费时间也就三五天，或者数星期，而且异地消费流动比生产流动更频繁，从而需要花费的流动成本更高，消费流动制约性更大。如果收入水平有限，人们消费中日常消费占有较大比重，而对于这种日常基本消费，人们一般不会通过跨区域完成，因为本地即可获得的消费没有必要花费跨区域流动成本进行异地消费。另外，大多数日常消费需要与家人一起完成，更多人一起消费流动往往带来更多的不便。所以人口有区域消费"黏着"效应，本地人口量对一地消费规模影响举足轻重。为建设消费中心，一地需要有一定规模的本地人口。

二 本地人口量是消费中心抗风险的基础力量

消费经济相比生产经济波动更大。生产经济更多的是从事物质生产，其中相当大一部分是为人类基本物质生活所需而生产，当面临重大自然灾害和社会危机，导致经济崩溃或者下滑时，人们首先是减少高层次消费，尤其是一些文化消费，仅保留基本物质消费，而作为层次相对较低的物质消费人们更多的是在当地完成，很少跨区域完成。人们为了节省跨地区流动成本，也不会跨区域消费，所以本地人口是本地消费的重要稳定因素。消费中心建设规模大，尽管需要外向型发展，但一定程度的内向型发展同样必要，至少要做到在外部不确定性、危机面前，能够依靠本地消费维持基本的消费经济运转，这同时也增强了本地经济发展的主动性。

三 外来人口是消费中心的竞争力所在

外地消费人口包括短期居住的流动人口和短期旅行者。这两类人群区分的标志可以是有无自住场所和家用设施，比如流动人口有自己长租的出租屋，要求室内生活功能齐备，生活用品齐全，而旅行者一般住在宾馆旅舍，衣食住行等生活功能完全依靠社会消费，仅携带一点简单的生活用品。外来人口可以极大地促进本地消费，贡献于本地消费经济，而且类似旅行者这样的外来消费人群主要进行中高端消费。随着经济发展，收入和生活水平提高，旅行者中除了一般的过路旅客，更有为特定消费项目而来的旅行者，比如旅游者、特定消费需求者、专门消费爱好者。求医问药的病人、为了提高技能或者获得知识的受培训者就是特定消费需求者，很多省份之所以是一省消费中心，医疗和教育消费是重要原因。专门消费爱好者，为了特定喜好、高尚旨趣可以远距离前往特定区域，因为那里设施水平高、消费层次高，更有利于满足高端需求。决定一个区域消费能级的最大变量是其消费人口集聚能力，能否把周边及远方的消费者聚集过来。各个消费中心展开竞争的重要领域也包含外来消费人口。一个有消费吸引力的城市总有一些高端消费者，无论是来自本区域还是其他区域，愿意跨区域前来流动消费，因为他们有足够的支付能力。而且随着基础设施和经济大发展，类似旅游这样的异地消费越来越平民化，人们越来越喜欢去自己没有去过的地方消费，争夺跨区域消费人口越来越成为消费中心建设的重要着力点，争夺海外消费人群也是国际消费中心建设的重要竞争点。

四 消费中心形成的几大因素均与人口相关

物价、设施、房地产、工业、服务业（包括生产、生活、公共服务业）对一地消费经济发展产生重要影响，它们均与人口因素紧密相关。比如一地物价与在该地消费的人口规模相关，在供给没有达到潜力的前提下，消费者及其消费越多，消费服务越可能形成供给规模效应，从而降低价格。随着消费人口规模的增加，不仅特定类型的消费实体开办越来越多，而且这些实体之间的互补性越来越强，从而形成互相支撑的消费产业体系。此外，支撑消费的基础设施项目也能够随着消费人口规模扩张发挥更大效应，从而降低单位消费项目的基础设施成本。凡此种种，由消费人口增加而来的供给增加，显现了越来越有利的规模经济和范围经济效应，促使消费价格不断降低。随着消费价格降低，越来越多的消费者能够支付得起，从而进一步促进规模经济和范围经济，进一步降低生产者成本和消费者价格，形成良性循环。在一些较大规模的消费中心城市，比如成都，很多较高层次的休闲消费项目价格很低，几乎接近于平民消费水平，比如茶馆消费，甚至三五元钱就能消费，在北上广深这些一线城市是不可想象的。巨大的消费人群基数让经营者在较低的单价下仍然利润丰厚。反观一些竞争力不强的普通消费地，消费人口少，一般消费者难以问津高层次消费项目，即使是中等层次消费项目，这些地方消费也不活跃。因为人口有限，这里低层次消费项目价格也降不下来，收费并不低。

房地产发展与消费人口规模紧密相关。最近几十年来，中国经济见证了人口的住房消费增长效应。众多城市为了促进本地房地产发展，不断出台优惠的人口入户政策，吸收更多外来人口，包括异地城乡居民前来本地定居、工作、生活。当前，中国已经进入劳动力短缺和高层次人才短缺"双"短缺的时代，无论是为了拉动本地一般消费和高端消费，还是为了培育消费基础，提高收入水平，拓展收入途径，都需要有足够的人口。一定程度上而言，当前城市、城市群、经济圈的竞争更多是人口的竞争，而消费中心建设之争更是如此。没有一定的房地产发展，就难以增加地方收入，地方收入不够，就无以改善基础设施水平，也不可能改善消费环境，消费经济也难以提振。

消费中心形成的工业和服务业基础也与人口规模有关。一定的人口规模，包括本地人口和可以吸引来的外地人口，是一地工业、服务业发展的基础条件，产业发展首先要解决招工难问题。只有发展起了工业和服务业，有了就业机会，劳动者才会获得收入去消费，消费设施才会有足够的顾客上门，并能够支付消费。消费投资者才会有足够的投资回报，从而增加继续投入、新投入的信心。作为人口两面的生产者和消费者，两者往往相辅相成。在生育率降低、人口规模下降的年代，发展的更大压力来自缺少能够投入生产的人和能够进行消费的人。

第五节 以人口发展促消费中心建设

人口资源越丰富，以消费者和消费投资者、从业者为主导的消费资源就越丰富。对于消费中心的人口，从户籍来看，可分为本地户籍人口和外地户籍人口。从居住常态性来看，可分为常住人口和非常住人口。值得注意的是，在这种分类中，户籍人口并不一定是常住人口，如果长期在异地居住、工作和生活，虽然是本地户籍人口，但不能算作本地常住人口。农民常年在外打工，对户籍所在地农村而言，不能算作农村常住人口。从消费层次来看，消费群体可分为高、中、低层次消费人群，当然这种分类并不是绝对的，只是相对而言，比如有些人虽然也出现在高端消费场所，但消费频率不高，大多数消费在中端水平场所。有许多中低层次消费者，也偶尔进行中高层次消费。比如一些工商业经营者，平时自己生活消费简单，但为了谈生意、联络感情，也会进行高层次消费。从消费地域变动来看，城市人口的消费可分为四种情形（见图5-1）：本地人口本地消费（见A象限）、本地人口外地消费（见C象限）、外地人口本地消费（见B象限）、外地人口外地消费（见D象限），这一分类法对于理解消费的流动、制定消费中心发展策略很有意义。需要围绕人口，从人口构成出发，探讨促进消费中心建设的路径。

本地人口	外地人口	
A	B	本地消费
C	D	外地消费

图5-1 基于地域差别的人口消费

一 通过人口本地化稳定消费经济规模

人口本地化不是静止的,而是动态的。有一个值得关注的关于人口本地化的重要内涵是,本地户籍人口不一定是本地化人口,如上文提及的农民工,属于农村户籍,但很多不再是实质上的农村常住人口。相应地,非本地户籍人口不一定不是本地化人口,如农民工户籍不在城市,但很多却是实质上的城市常住人口。从消费经济的角度看,人口本地化的内涵是,尽管不是本地户籍人口,但可能是本地消费者;尽管是本地户籍人口,但可能是外地消费者。人口本地化立足根本,注目长远,就是要尽量促成以下形式的转化。

一是本地户籍人口的常住本地化。让本地户籍人口不仅户籍在本地,居住、生活和工作均在本地,常住本地能够带来潜在的、更多的本地消费,尤其是本地基本消费。当前大量人口户籍和居住地分离,不利于国家区域发展的精准施策,比如国家为了发展欠发达地区和农村地区经济,出台了系列扶持政策措施,其中包括大量消费投资、项目和补贴,而这些投入和转移支付主要基于户籍,而不是基于常住。许多拿了补贴的当地居民并不在当地居住、消费,主要在发达区域生活、工作,从而事实上出现发达地区对欠发达地区的援助重新回到了发达地区,城市对农村的援助重新回到了城市的现象。因而最好实施户籍与居住联系的人口登记政策,促进本地户籍人口的常住本地化。对于消费中心而言,应在条件许可的情况下放宽入户限制,吸引更多的人口本地居住、生产、生活,增强本地消费的稳定性。

二是本地户籍人口的实际消费本地化。本地户籍人口常住本地当然能够带来本地消费,但本地户籍人口的外地发展既不可避免,也有必要,特别是对于生产不够发达,就业难以保障的地区,需要通过异地转移解决就业问题,但本地人口异地就业仍然能够促进本地消费。最典型的是一些农村城镇,随着农民工外流,生产制造空心化,但农民工的家庭还在农村或者农村地区城镇,农民工家庭能够在当地消费,并支撑当地消费经济。在消费中心建设过程中,应促进在外流动的本地户籍人口实际家庭消费本地化,这项措施尤其应引起中西部地区消费中心建设者的重视。

三是外地户籍人口的常住本地化。就是促使更多的外地户籍人口留在本地，包括居住、工作和生活。当前外地户籍人口的常住本地化有两个可以发展的流向。一个是农村人口的城市常住，主要是没有放弃农村田地和户籍的农村人口，因为工作已经非农转化、生活也已经非农转型，他们早已经成了实质意义上的城市人，所谓农村标签更多只是形式上的，为了不放弃田地和国家相关政策保障，或者在城市生存能力还有限，只好双栖于城市和农村，他们是消费中心建设过程中人口本地化的重要力量，主要表现为常住本地人，以常住带动常消费。另一个是城市人口的农村常住，主要是城市退休人口回老家居住，或者一些城市有休有钱阶层为追求农村田园生态而前往农村工作、生活，当前该人口本地化形势尚不明显，但未来的潜力大，特别是随着乡村振兴的推进，农村生活、生产基础设施的改善，这种消费本地化的方式可能前景广阔。

四是外地户籍人口的实际消费本地化。随着经济发展、交通条件改善、收入和生活水平的提高，消费层次必定提高，人们越来越追求与地域相关的特色消费、与特定区域相关的高层次消费，前者如餐饮和旅游消费，如为了欣赏西藏高原的风光，必然要去西藏，这促进了外地旅游者的西藏本地消费；为了吃上正宗湘菜或者湖南臭豆腐一类的风味小吃，外地美食爱好者可能会去湖南本地消费。后者如休闲，为打高尔夫，外地爱好者经常坐飞机到深圳消费；为了感受茶馆文化，不少外地休闲人士到成都消费。在消费中心（城市）建设过程中，外地户籍人口的实际消费本地化应成为重要的策略，需要营造外地人消费的良好环境，并出台相关的促进措施。比如类似云南丽江和广西桂林，鼓励外地游客留下来在当地长期休闲、居住、置业。

五是外地户籍由外地转本地。就是让更多的外地户籍人口转为本地户籍人口。关于外地户籍由外地转本地，中国发达城市在早期崛起的过程中，很好地借助了购房入户刺激政策，外地人通过购房获得本地入户指标，此举虽然最初的政策动机是为了卖房子，但取得了政策设计者意想不到的效果，通过购房门槛效应，留住了有经济实力、有发展前景的外来户，这些人成了随后城市建设的重要力量。类似深圳这样的大城市，最初的本地户籍居民很少，很多的新居民都是通过购房取得户籍，这一方面推动了深圳房地产和城市建设的发展,另一方面为深圳发展蓄积了人口资源和消费基础。后来,很多新兴城市也在实施购房入户政策,随着"三农"发展条件的改善,当前城乡户口的流向意愿已经发生转向,农村居民基本上不愿意迁出户口,由农村向城市的户口迁移不再成为主流,更多的是城市间的户籍人口争夺,很多三线、四线城市居民有着向条件更好的一线、二线城市迁移户口的愿望,消费也因此更加向一线、二线城市集中,这客观上也从人口方面为高层次消费中心的形成创造了条件。

二 通过扩大消费者影响力而拓展消费经济规模

通过人口本地化而发展本地消费经济的潜力终归有限,因为区域空间和要素资源约束,消费中心能够容纳的常住人口量有限,而且大多数常住人口更多进行基本消费,对中高端消费涉足有限。另外,本地人口消费对本地旅馆、旅游、餐饮等消费的带动作用有限,一般人对一个景点只参观一次,一个城市的很多消费项目本地人消费久了也会产生厌倦,毕竟消费需要求新求异。所以消费中心的更多消费需要依赖外来消费者,外来消费人口虽然消费时间短,但短时间内消费频率高、消费支出多,而且众多的外地人一批批来到本地消费,他们大多是第一次来,或者来得少,本地消费项目对他们而言是新鲜的,能够刺激、累积起大规模的消费。扩大消费者影响力、拓展消费经济规模的途径有以下三方面。

一是在本地区外围消费者中扩大影响力。消费中心要吸引比本地区的层级低的中小城市、跨界区域,如各省边界区域,以及乡村的消费者前来消费。在外围区域中,消费中心具有极大的中心吸引优势,是消费中心扩大消费影响力的直接地区。消费中心的影响力扩张是一个渐进的过程,先从影响周边区域开始。周边区域更多检验消费中心的项目影响力,一定程度上而言,千里之行,始于足下,消费中心只有先具备了区域影响力,才可能更进一步发挥全国影响力、国际影响力。

二是在跨地区消费者中扩大影响力。消费中心对处于同一文化带、区域、经济带中的消费者有影响力,这些消费者基于类似的爱好和消费偏好,乐于跨地区前来消费中心消费。比如许多中国人愿意去中国各个地方旅游,因为语言通、文化通,交流无障碍。另外,限于收入水平,受制于出行的交通条件、家庭和社会状况，很多人难以进行远距离跨国消费。

三是在跨国消费者中扩大影响力。消费中心要营造出国际影响力，吸引国外消费者前来消费。比如南京作为民国首都，上海作为大港口，历史上都曾经是远东国际中心城市，许多外国人通过历史文献对这两个城市耳熟能详，而且他们的先人还到过这两个地方，因而两地在国际上的消费影响力大。需要借助历史文化、生态文化、景观文化、民俗文化、民族文化等，打造中国旅游消费中心的国际影响力。同时可以借助中国的世界生产中心地位，在发挥生产制造国际影响力的同时，一并发挥消费影响力，比如给来华的商务人士提供一揽子国际消费计划。

三 通过强化消费者素质而提升消费经济层次

消费者素质作为消费经济需求端的素质，属软实力因素，对消费品和消费服务供给质量直接提出要求，是消费中心建设层次水平提高的重要拉动源泉，能够从两个方面助力消费经济升级。

一是通过提高人口素质而提高消费质量。消费是由消费者和服务者共同完成，这和生产不同，生产是由生产者完成，生产者针对的对象是物，或者说是生产资料，生产过程本身是非能动的。而消费过程包括两个能动对象，不仅包括与生产者处于同一供给位置的服务者，还包括消费者。所以消费者的素质对于消费质量的提高至关重要。比如对于严肃的艺术欣赏消费，缺乏一定艺术素养的消费者必定难以沉浸其中，也就是说，没有具备一定艺术涵养的消费者，严肃的艺术欣赏消费发展不起来；如果要发展严肃的艺术消费，必须先培养消费人口的艺术素质。消费中心的层次越高，文化消费的比重也就越高，需要通过提高人口素质来提高文化消费比重。

二是通过培育高素质人口而发展高层次消费。高层次的消费中心不同于一般消费地的一个重要特征在于其消费的品位，不是说将各类消费项目聚集起来就能建成消费中心。要发展出高于一般消费地水平的消费项目，消费中心才能广泛吸引其他地区的人口前来消费，以外地消费人口增量促进本地消费规模增量，从而取得更优更大的消费经济发展效果。高层次消费中心也一定是文化消费层次高的城市，需要有一批不仅有支付能力，同时有艺术素养的消费者。随着中国富起来，不乏有支付能力的消费者，但这些人并没有同步成为高层次的消费者，许多人消费仍限于基本生理消费及低级趣味，要着力提高人口的消费素质，高层次消费中心建设离不开高素质消费人口聚集、培育和相互影响。

四　通过消费者身份转换而扩大消费中心发展基础

服务消费者和消费服务者作为供求方，具有共生性。大量消费需要以知识为基础，以一定技能作支撑，良好的消费体验需要一个长期体悟、训练过程。调研中发现，很多素养型消费者，典型如文艺、体育、康养、研学类消费者，通过长期消费，通晓了知识、技巧、素养、规则，能够对后学者或者潜在消费者发挥传、帮、带作用。有的消费者作为爱好者，以自己的亲身体验，带动、鼓舞更多的人加入消费群体。还有的消费者因为喜欢某一消费项目，而愿意在该消费领域从业，把个人喜好与工作选择统一起来，不仅扩大服务型人力资源规模，而且提升人员服务层次。更有消费者成为志愿者、慈善者，帮助想参与消费而能力不够的人员进行消费，包括生理缺陷者、技能不够者、心理精神障碍者和特殊年龄群体。促进消费能力不健全的人消费潜力很大，是中国消费政策关注点，国务院办公厅印发《关于进一步扩大旅游文化体育健康养老教育培训等领域消费的意见》（国办发〔2016〕85号）提出，"重点解决重度失能人员的基本生活照料""增加适合老年人吃住行等日常需要的优质产品和服务供给"①。基于此，在消费中心建设中，可以借助已有的消费者，扩大消费者群体，进一步夯实消费的人力资源基础。

五　通过服务者核心能力打造提升消费经济水平

消费服务者素质作为消费经济供给端的素质，软实力因素，直接影响

---

① 《关于进一步扩大旅游文化体育健康养老教育培训等领域消费的意见》，2016年11月28日，中华人民共和国中央人民政府网（http://www.gov.cn/zhengce/content/2016-11/28/content_5138843.htm）。

消费项目建设质量，对消费中心建设层次水平提高发挥着重要的主观能动作用，这种作用发挥可通过两类途径。

一是通过竞争性人力资源提升消费服务水平。高层次的消费中心一定由高层次的投资者投资、经营者经营，从业人员也必须是高层次的。[①] 比如要打造高层次的演艺中心，必须能够吸纳高水平的演艺人员。一个城市要以民族文化产品消费取胜，必须有优秀的民族文化产品创意人员。高层次的消费中心之所以成为高层次的消费中心，首先是因为其人力资源竞争力更强，人才水平更高，能够留住、培养、使用好一流的人才。

二是以人才创新推进消费产品创新。要强化人才开发，围绕本区域的发展定位，不断创新人才培养方式，改善人才结构；不断给人才注入新的发展内涵、赋予新的能力和技艺，让人才多创新。为人才发展创造条件，为人才抱负实现、创新方案落地提供相关政策支持。当前亟须对消费中心人才引进、成长、使用规律进行探讨，创造让新型创新人才脱颖而出的机制，比如开展创业创新竞赛，成果推优、观摩，召开人才推介会等。为进一步完善人才规划，推进评聘、考核制度改革，中国已经推出《国家中长期人才发展规划纲要（2010—2020年）》《关于深化人才发展体制机制改革的意见》《关于分类推进人才评价机制改革的指导意见》等系列文件，要在已有政策文件基础上，进一步从消费人才角度推出消费中心建设专项规划和政策，比如消费中心人才发展规划、建设意见、评价标准。

本章小结

无论是生产还是消费，都需要人，前者是作为劳动者的人，后者是作为消费者的人和作为消费服务提供者的人。生产可以一定程度上不以人为中心，甚至远离人，但消费必须以人为中心，人必须接触消费对象，是新时期人口对经济影响研究的重要视角和出发点。人口是消费中心建设的基本因素在于：本地人口量决定着消费中心本地基本消费规模、本地人口量

---

① 周勇：《畅通需求侧国内大循环：从消费到消费中心》，《晋阳学刊》2022年第4期。

是消费中心抗风险中坚、外来人口是消费中心的竞争力所在、消费中心形成的几大因素均与人口相关。人口发展是促进消费中心建设的重要举措，可以通过人口本地化稳定消费经济规模，通过扩大消费者影响力而拓展消费经济规模，通过强化消费者素质而提升消费经济层次，通过消费者身份转换而扩大消费中心发展基础，通过服务者核心能力打造提升消费经济水平。

第六章　消费中心布局

　　2021年发布的《中华人民共和国国民经济和社会发展第十四个五年规划和2035年远景目标纲要》指出，要"培育建设国际消费中心城市，打造一批区域消费中心"①。此前，2019年商务部等14部门印发《关于培育建设国际消费中心城市的指导意见》②（以下简称《指导意见》）要求，"利用5年左右时间……基本形成若干……综合性国际消费中心城市，带动形成一批专业化、特色化、区域性国际消费中心城市，使其成为扩大引领消费、促进产业结构升级、拉动经济增长的新载体和新引擎"。消费中心作为区域层面的一个消费经济概念，需要遵循区域经济布局原则。《指导意见》已经提及"指导基础条件好、消费潜力大、国际化水平较高、地方意愿强的城市开展培育建设""立足国内、辐射周边、面向世界""具有全球影响力、吸引力"，这实际上已经涉及消费中心的布局原则。尤其是"立足国内、辐射周边、面向世界"的提法与区域经济学"中心—外围"理论③一致。随着2021年商务部等14部门《关于开展国际消费中心城市培育建设工作的通知》文件出台，上海、北京、广州、天津、重庆等城市获准试点国际消费中心城市建设，一大批城市被带动起来，消费中心（城市）建设竞争日趋激烈，比如河南省支持郑州市、洛阳市建设国际消

---

①《中华人民共和国国民经济和社会发展第十四个五年规划和2035年远景目标纲要》，2021年3月13日，中华人民共和国中央人民政府网（https://www.gov.cn/xinwen/2021-03/13/content_5592681.htm）。

②《商务部等14部门关于培育建设国际消费中心城市的指导意见》，2019年10月14日，中华人民共和国文化和旅游部（https://www.mct.gov.cn/preview/whhlyqyzcxxfw/yshjxf/202012/t20201217_919690.html）。

③ 安虎森：《高级区域经济学》，东北财经大学出版社2020年版，第3页；孙久文：《区域经济学》，首都经济贸易大学出版社2020年版，第249—300页。

费中心城市；到 2022 年，建设 20 个省内特色消费中心。消费中心培育建设工作要整体规划，同时要集中力量和资源在重点区域、优势领域有所突破并形成标志性成果，避免资源分散、"遍地开花"①。鉴于消费中心布局的重要性，需要就此议题进行系统、深入讨论。

第一节 已有研究的分析

消费中心作为中国经济社会发展的新鲜事物，其政策提出时间还不长，是中国主要根据改革开放实践而提出的中国特色经济理论概念，当前还存在概念上的多种提法，需要统一，理论探讨也才刚刚起步。

消费中心建设在中国近年渐渐引起研究者关注，2010 年前后开始更多进入中国政策视野，如长沙提出建设区域消费中心。② 相关理论研究随后展开，如徐小东②、单筱婷③、肖怡④的研究。《指导意见》发布后，不仅理论研究开始升温，全国各省区纷纷响应，更是掀起消费中心规划建设高潮，建设目标不仅有高能级的国际消费中心，还有较高能级的区域消费中心。仅国际消费中心而言，到 2021 年初全国就有二十多个大城市竞逐，明确提出要在"十四五"期间或 2035 年之前建成国际消费中心城市。⑤ 尽管根据商务部相关政策文件的出台，最初只是确定上海、北京等五个大城市为试点城市，但阻挡不了有一定区位优势、竞争能力、消费潜力的其他大城市后续竞逐。值得说明的是，消费中心从纵向来看是一个包括节点、县域、地域、省域、区域、国家和国际等层面的中心体系，从横向来看涉

---

① 《商务部等 14 部门关于培育建设国际消费中心城市的指导意见》，2019 年 10 月 14 日，中华人民共和国文化和旅游部网站（https://www.mct.gov.cn/preview/whhlyqyzcxxfw/yshjxf/202012/t20201217_919690.html）。

② 徐小东：《西部区域性消费中心研究》，博士学位论文，西华大学，2013 年。

③ 单筱婷：《厦门构建区域性消费中心的路径与政策研究》，博士学位论文，厦门大学，2014 年。

④ 肖怡：《国际大商都：广州建设国家中心城市的战略选择》，《广东商学院学报》2012 年第 2 期。

⑤ 《国际消费中心城市的重任》，2021 年 7 月 19 日，澎湃新闻网（https://baijiahao.baidu.com/s?id=1705708483200115108&wfr=spider&for=pc）。

及专业化、特色化的中心体系，同样受到经济空间资源的制约，因此随着消费中心建设热潮兴起，无论是国家层面还是地方层面，从中央到县域、乡镇都有一个消费中心如何合理布局的问题。

当前除了上述文件，还有一些政策解读文章提及消费中心布局，如有文章认为，培育国际消费中心城市要科学布局，要聚焦"国际"，广泛聚集全球优质市场主体和优质商品、服务，加快培育本土品牌，努力构建融合全球消费资源的集聚地。要紧扣"消费"，高标准推进商圈建设，引领消费潮流风尚，加强市场监管服务，全力打造消费升级新高地。要突出"中心"，不断强化集聚辐射和引领带动作用，形成全球消费者集聚和区域联动发展中心。[①] 但在学理上，从区域经济一般理论出发，深入探索消费中心布局的文献却不多，如郭军峰认为，中国消费中心城市呈现出明显的空间集聚特征，并且消费中心不断向东南地区转移。人口流动、收入差距、金融发展以及产业升级是影响消费中心城市指数的重要因素。[②] 本节将区域经济学的中心—外围理论引入消费中心研究，将"中心—外围"细化为"本地消费区—周边消费区—跨区域消费区"，探讨具有现实指导意义的消费中心布局原则、原理和具体路径。

第二节 消费中心布局原则

消费中心布局要基于备选地本地基础、周边基础和跨地域基础，三大区域基础共同促成广义消费中心的形成。以上海为例，从国家层面来看，全国性的上海消费中心，既有上海本地消费经济，又有周边长三角的消费经济和跨区域全国性的上海消费经济。从国际层面来看，国际化的上海消费中心，既有上海本地的消费经济，又有周边全国的消费经济，更有世界的消费经济。消费中心的"本地—周边—跨区域"具有如下特征，这也可看作消费中心布局的三原则。

---

① 《北上广津渝将率先开展国际消费中心城市建设》，2021年7月21日，中国经济网（https://www.163.com/dy/article/GFE1RIDV0534697H.html）。

② 郭军峰：《我国消费中心城市识别、集聚特征与驱动因素——基于空间计量模型的研究》，《商业经济研究》2020年第20期。

一　本地消费强劲

中国历史上由于交通不便，各地消费较为分散，因而形成了许多区域消费小板块，也就是分散的消费小地域，这些消费小地域主要立足于当地消费。即使在中华人民共和国成立以后的计划经济时代，各地的消费半径都很小，从生产队到大队，再到公社，一般大队有队部，在队部就会形成一个小消费中心，有商店、放电影的场地、小学等消费设施。而公社行政驻地才是一个有一定规模的消费中心，有街道、物资交流场所、供销社等消费设施。这些消费设施更多立足于当地消费，主要吸引当地居民购物或者进行物资交流。改革开放以来，中国消费中心发展迅速，除了通过交通、工业布局等新的经济地理因素发展的部分消费中心，大部分消费中心都先立足于本地已有消费基础，然后再进行新的区域外延发展。也就是说，其发展仍然立足于本地消费，但值得注意的是，本地消费越来越集中，原有的队部消费功能在消失，甚至公社一级的消费中心地位都在减弱，尤其恢复县—乡镇建制以后，本地消费主要体现在乡镇一级和县城。当前，各级消费中心，从省、地市，再到县域，无不首先立足于当地消费，尽管内部都经历了不断极化的过程。

二　周边消费聚集

消费中心除了坚实的本地消费基础，还要有广阔的消费腹地，腹地越纵深越宽广，消费中心获得的外围支撑就越多，越有可能跨跃已有的发展层次。值得说明的是，消费中心的外围腹地和行政区域上的腹地并不一致，以地级市为例，离行政中心较远的本市外围县乡很可能并不是本市的消费腹地，因为这些县乡可能离相邻地级市更近，消费上紧跟邻近地级市行政中心，从而造成一地消费流失而不是聚集，而相邻地区获得本区域以外更多消费资源。各区域消费中心之所以实力有高有低，就在于在外围区域消费竞争中有得有失。在地级市中以湖南的长沙和益阳为例，前者占有了后者更多的消费区域，所以实力更强，而且长沙作为省会占有的其他地市消费区域不仅有益阳，它几乎在全省范围内占有了各地市的消费资源，甚至全省各地群众都会到长沙消费,而各地级市都不同程度地流失了消费资源,尤其以益阳为代表。由于益阳离长沙最近,受到长沙的消费影响很大,因而流失了很多的消费资源,导致益阳的地级消费中心地位不仅与长沙相比差距大,与其他地市相比也差距大。而反观湖南的郴州和怀化,由于离长沙远,受到长沙的消费影响少,所以消费中心建设更加完整、独立,不仅把本地区各县的消费资源把握在本市,还吸引了其他偏远区域的消费资源。也因此,湖南曾提出要打造怀化、郴州副增长极,其消费中心地位不容小觑。① 随着2019年《国家发展改革委关于培育发展现代化都市圈的指导意见》② 等文件出台,中国都市圈建设将加快,周边消费将更加活跃。

三 跨区域消费活跃

随着现代交通基础设施的发展,高铁、航空等交通工具替代了传统的铁路、公路、航运,区域之间不仅物理距离在缩短,而且经济地理距离也大为缩减。比如在传统道路条件下,山里的县城到省城,需要翻山越岭,不断迂回,物理距离很远;现代道路条件下,通过开挖隧道、架设桥梁,县域、省域间的物理距离大为缩短。随着信息和物流设施的发展,现在见一个客户、完成一笔订单的时间比以往大大缩短,各地经济距离越来越近。再以消费为例,以前从村庄到县城消费可能路上需要花费大半天时间,现在可能只需要一小时,通过网上购物,瞬间可以实现消费。跨区域消费既是一地消费供给的利好因素,但如果竞争力不够,也可能是供给的不利因素。经济地理距离的缩短,引致消费供给和消费需求资源的跨区域竞争,这意味着,强者的消费资源配置半径更远,弱者流失的消费资源更多。而作为消费中心,要进一步发展,必须在已有本地消费、周边消费的基础上更进一步向跨区域消费拓展。而作为一般消费地,在虹吸效应下,更多只是给当地居民提供一般、日常、基本消费,在这些地方高层次消费

---

① 周勇:《省域副中心建设的空间组织关系及其协调》,《求索》2021年第3期。
② 《国家发展改革委关于培育发展现代化都市圈的指导意见》,2019年2月21日,http://www.gov.cn/xinwen/2019-02/21/content_5367465.htm。

更多流出，尽管低层次消费得以保留。以乡村为例，年轻人除本地便利性消费，其他如娱乐、奢侈品消费一般都会去县城或者省会城市，从而进一步强化了县域、省域消费中心发展。

第三节 消费中心布局逻辑

消费中心布局之所以有以上三原则，是因为其内在的逻辑关系。探讨消费中心布局原则形成的逻辑，深刻理解其内在关系，对于一地消费中心自觉进行三区域布局规划，获得更有利的中心发展地位具有重要意义。

一 基础和拓展的关系

本地消费区、周边消费区、跨区域消费区之间存在着基础、扩展、层次关系。

(一) 本地消费是基础

消费中心的形成首先需要依靠当地的资源禀赋条件，既包括当地人口规模、产业基础、收入状况等一般经济条件，又包括传统文化、地域特色、到达便利性、政策环境等消费条件。因此，消费中心的本地性一方面体现在经济和地理条件上，往往本地的工农业生产条件、经济水平、区位条件等直接影响一地消费规模，产业发展水平高、居民富裕、地处往来交通要道往往促成消费中心的形成。比如富庶的成都平原自古以来就滋养着作为天府消费中心的成都；湖广熟、天下足，富足的洞庭湖平原也为长沙长期以来作为地区性消费中心提供重要支撑，两地消费在很长一段时期堪称物美价廉。消费中心的本地性另一方面还体现在文化的本地化，本地既需要有特色消费资源，也需要有特别的消费资源利用能力。比如四川、湖南分别以川菜、湘菜闻名于世，首先在食材上两地得天独厚，其次在气候上两类餐饮均是自然环境所致，还有在烹调风格和流程上两种菜系都体现了两地农耕文明下精细的劳动风格、乐于创意的地方思维特点。至今在两地消费中心建设中，湖南长沙的消费地标是黄兴路，其中的火宫殿是地标中的地标，以湘菜和臭豆腐闻名；四川成都的消费地标是春熙路、宽窄巷子等，以川菜和小吃取胜。

(二) 周边消费是扩展

随着交通、通信等基础设施的发展，特别是随着区域一体化范围不断扩大，由城郊一体化，到都市圈，再到城市群，再到经济带，中心和外围的概念不断变化，地理版图不断扩张。随着经济地理联系的日益紧密，越来越多的乡村居民到地市消费，甚至到省城消费，当前大量乡村居民进入省城消费，甚至到国家一线中心城市消费。在消费版图不断扩展，尤其是周边外围区域不断融入的过程中，一些消费中心由地市级消费中心升级为省域消费中心，甚至区域性消费中心、国家消费中心、国际消费中心。比如重庆多年前是四川省的一个地级市，长期只是一个地市级消费中心，随着经济发展，特别是成为直辖市以后，成为省域消费中心，更随着西部中心的发展定位，成为全国消费中心，当前，又在国家的引导下，进一步建设国际消费中心，重庆的周边消费版图从周边邻近区域，乃至中国西部，再到国际级的东南亚，重庆作为消费中心能级水平的提高，始终伴随着周边区域融入范围的扩展。

(三) 跨区域消费是层次

消费中心发展层次体现在消费供给的地域层次和消费满足的地域层次两方面。在消费供给的地域层次方面，一个消费中心的发展层次主要体现在其跨区域消费吸纳能力上，县域消费中心吸纳一县消费，省域消费中心吸纳一省消费，而省内地区消费中心一定具有跨县域消费影响力，全国性的区域消费中心一定具备跨省区消费影响力，而国际消费中心须具有跨国影响力。因此吸纳和影响消费区域的范围、地理半径决定消费中心的层次。在消费满足的地域层次方面，首先是消费品或者消费服务品质的高层次决定消费中心的发展层次，但凡国际消费中心，一般都会把品牌聚集、新品发布、首店吸引作为重要的建设工作。人们一般会将日常、一般性、重复性的基本消费放在本地，而更多将奢侈型、新奇性、高品质的高层次消费放在外地，即跨区域。比如对于不属于基本消费的旅游，人们较少在本地进行，这还因为审美疲劳等原因，本地风光和文化已经变为一般性消费资源。其次是消费花费上的高层次，跨区域消费需要支付更多的交通和住宿成本，需要有更多的闲暇时间，还要花费更多的精力，对消费经济的贡献度更高。

二 存量和增量的关系

在消费中心建设过程中,需要厘清各类区域性消费的经济增长潜力。

(一) 本地消费是存量,但扩容有限

本地消费毫无疑问是消费中心建设的基础,这个基础体现在存量上,也就是说它是消费中心已经开发出的消费空间或者消费市场,而且这个空间和市场比较稳定,是消费中心发展的基本盘,因为本地化优势,这些本地消费一般不会轻易移往外地。这也意味着,在竞争条件下,当地消费经济经营者不需要进行更多的努力就能护住这个基本盘,其他消费中心要抢夺这部分消费资源需要付出更大努力。需要注意的是,本地消费资源通过本地长期开发,已经接近资源枯竭的程度,或者说资源可能还有利用余地,但本地资源开发利用能力已经达到上限,无法短期内再开发这些闲置、剩余的本地资源,因此本地消费尽管是存量资源、稳定的本地化资源,但扩容有限。在消费中心建设过程中,针对本地资源的开发策略更多在固本,也需要一定程度的开源,开源主要通过提高资源利用能力、项目开放能力实现。这也说明在消费中心建设过程中,不应该把更多精力放在本地资源能力利用上,眼光保守会让自己故步自封,局限于本地发展会错失竞争机会,甚至导致竞争弱势,竞争地位下降,丧失本地消费资源。

(二) 周边消费是增量,但增量仍然有限

随着本地消费资源开发接近饱和,需要就近拓展,向周边扩散消费技术,转移消费产业,释放过剩消费投资,发展消费子项目。比如由中心城区向城郊拓展,由主城区向卫星城扩张,由中心城市向都市圈扩容,由大城市向城市群扩散,由增长极向省域副中心扩容。在更广泛的区域发展中,提高消费中心的建设能级。但需要看到的是,在消费中心建设的过程中,一直以来中心区域都是周边区域的消费中心,周边众多消费者,尤其是中高层次消费者早已经习惯于在中心区域消费。尽管向周边区域扩展也有利于中高消费的区域扩散,但从项目的水平上以及聚集的消费人气上看,周边区域的消费项目水平和消费吸引强度始终赶不上中心区域。因此,扩展过程中更多的只是升级中低层次人群的消费。不得不承认更就近的消费项目建设,有利于扩大中心区域消费在外围区域的影响力,而且规

模也可观，但总体上看，仍然有限，一个区域的消费资源终归有限，而且是在已经大量开发，中高层次消费人群还会主要在中心区域消费的情况下，未开发的消费资源就更有限了。

(三) 跨区域消费是最大增量，且增量无限

经济是集聚式发展，产业是集群式发展，城市是以特大城市、都市圈、城市群的模式发展，遵循的都是不平衡发展原则。生产经济、制造产业如此，服务经济、消费产业也如此。马太效应也会是消费中心建设过程中的必然现象，会出现超大型消费中心，同时某些区域、低层次消费中心也可能规模萎缩，能级水平进一步降低。前面已经论及计划经济时代的生产队队部，当时队部是一个大队的小消费中心，但在交通发展、经济进步的时代这类小消费中心消失了，甚至农村小学也被合并到乡镇。在未来，各区域谁能在消费竞争中胜出，谁就可能通过优势项目、优质服务、有利环境、良好氛围获取更多跨区域消费，不仅护住自己的消费"地盘"，还能争取更多其他区域的消费"地盘"；不仅在本地区占据消费中心地位，更在全国、全球发挥消费影响力，吸引全国、全球消费资源。放眼区域之外，全国、全球消费天地更加广阔，消费项目更加丰富多彩，消费投资具有更多属性，消费规模更加庞大。外向型发展、走向全国、走向世界，才是中国消费中心建设的最大增量，而且增量无限。

三 文化亲和渐进关系

消费中心直接面对的是消费者，要做好人的服务。消费中心始终要围绕作为消费者的"人"来建设，与消费中心关系紧密的人有三类，包括本地消费者、周边消费者、全国乃至全球消费者。因此要从区域角度理解好三类消费者的特征，区分发展重点、适应不同需求、服务好三类消费者。而做好不同人群服务，关键是要处理好当地和外地、个体和总体、特殊和一般的关系，这涉及相关的文化建设。

(一) 消费中心首先是本地人消费的中心城市

本地人在消费中心建设过程中扮演着两类角色。一是本地消费者。就近消费是本地消费者消费的一大优势。本地消费者之所以是本地消费的忠实顾客，更因为本地消费坚持了本地口味，也只有在本地他们才能找到最

切合自己文化需求、口味的消费项目，本地消费更多符合本地风味、喜好，这些地方特色消费项目为一地消费者情有独钟。所以坚守住一地自有消费特色，弘扬地方消费文化，不仅对于吸引外地消费者重要，因为本地的特色是他们求新求异消费的目标，而且即使对于留住本地消费者，开发本地消费也具有重要意义。二是本地人也是当地消费中心的建设者、形象大使、公共服务提供者。外地消费者来到本地后，需要与本地人一起消费，接受以本地人为主的消费从业人员服务。所以本地人的文化品位、服务素质，对外地人的态度，影响着外地消费者的消费感受，对于在更广泛的地域，比如全国范围、世界范围树立一地良好的消费中心形象具有重要意义。

（二）消费中心其次是周边人消费的中心城市

周边区域和中心区域在文化上相近，无论是消费供给还是消费需求满足，都具有共同的文化基础。两者都属于同一文化区，消费上有共同的口味和爱好，消费行为上也表现出一致性。因而周边消费者和消费中心区域的消费一样，都是本地消费的坚定拥护者，对稳定本地消费具有重要意义。特别是对于传统文化浓厚的区域，很多人跨区域消费首先遭遇文化上的不适，所以周边中心城市是他们消费的主要区域。同时周边区域和中心区域在消费中心发展中是共同建设的关系。因为资源有限和集聚效应，通常在某个层级上，一个区域只建立一个消费中心，比如某个县通常只以县城为中心建立一个县域消费中心，而在更高层级上，这个县通常只围绕所属地级市（边远县除外），和其他相关县共同建立更高层次的消费中心。这种共同建设无论是在消费供给还是消费满足方面，都是如此。比如在消费供给方面，周边区域的人员会作为创业者在消费中心投资经营消费设施，作为从业者在消费中心的消费设施中从事服务工作，在消费满足方面，周边区域的人员除一般消费，会更多地在消费中心进行高层次消费。要为周边区域的人员在消费中心消费创造良好的条件，比如打造一小时消费圈，让周边区域的消费者一小时之内就能够通过高速公路或者高铁等交通设施到达消费中心。不断提高区域一体化程度，各种消费规则对接，消费政策统一执行。同时消费中心的大公司可以在周边区域设立分公司，建设消费子项目，方便周边区域就近消费。

（三）消费中心最终是各地人消费的中心城市

消费中心要接待好来自全国各地的人群，必须摒弃本地人和外地人之分，有些消费中心的商业设施对本地人和外地人是两种态度、两种价格、两种服务方式。比如一些旅游消费城市的商业店主、导游如果从口音上听出顾客是外地人，就会不顾诚信，利用外地人对本地情况、商品和服务了解不够等客观情况，以次充好，甚至贩卖假冒伪劣，删减服务项目。还有的抬高售价，肆意宰客，一个受到不公正对待的外地消费者不仅不会再来当地消费，而且还会通过口碑和网络传播效应，让当地的恶名远扬，阻止更多外地消费者前来本地消费。消费中心要服务好国际人群，就必须掌握国际规则、熟悉国际文化，不断积累国际交往经验。要让消费服务从业人员了解不同国家和地区的发展背景、历史传统、地域特色，对人员的地方秉性、特殊行事方式和禁忌有所了解。还要有正确的关系处理模式，消费中心要创造条件帮助人们解决分歧，增进彼此共识。要让全国各地的人、世界各地的人都在消费中心放心消费、快乐消费，就必须建立起包容的文化，而不是封闭的文化，或者说孤芳自赏的文化。

第四节　强化消费中心布局的路径

消费中心依一定区位优势、区域消费经济基础而确立，而且一旦确立，应继续强化其区位优势，通过消费经济发展巩固其中心地位，发挥其更强大的消费组织、带动、引领、辐射作用，将更广泛的外围、跨区域消费区纳入其消费经济发展范围。具体而言，有以下路径。

一　以特色化、潮流化促进本地消费

消费中心建设既要在本地消费中发挥本土优势，又要从外地、国外消费引进中发挥本地中心优势。要保持、培育和坚守本土特色消费，包括传统文化消费和地域特色消费，比如在旅游中，博物馆、历史遗迹品鉴是传统文化旅游消费，自然风光观赏和生态环境体验是地域特色消费。餐饮业中菜系是传统文化，食材是地域文化。同时在保护中开发、创新，在创新、开发中保护，让本土特色消费不断发扬光大。本土特色消费一方面能

够稳定本地消费人群，另一方面以其特色和内涵、经典，吸引国内和国外消费者，在本土消费文化发扬光大中促进消费中心跨区域发展、开放式发展。消费中心还要引领消费潮流，引进外地或者国外时尚消费，一则让本地人不出本地即可进行全国消费、全球消费；二则让外地人来到本地后有文化亲近感，能够找到自己耳熟能详的消费项目，在接受本地新鲜消费的同时，还能够找到属于自己的原汁原味的消费项目，践行自己习惯的消费方式，有宾至如归的消费感受；三则将外来时尚消费进一步向周边区域扩展，带动更多的消费。引领消费潮流还可以是消费中心自己创造消费潮流，结合全国或者世界消费文化，在自有文化的基础上，形成新的消费模式、创新新的消费情境，不仅在本地形成潮流影响，更将消费时尚输出。

二 以外延性、规模化扩展周边消费

消费中心建设需要深耕细植，不断提高本地消费密度、质量和层次，同时不断扩张核心消费的城市空间。首先，不断把近郊消费区域变成核心消费区域。中国的城市化发展也应是消费的中心区域发展，改革开放以来，中国城市空间大扩张，基本上以往的郊区现在成了城区。而且打破了城郊分野，每个城区既包括中心区也包括外围区，也即以往郊区的概念更多被外围区取代，但两者又不是同一概念。郊区是相对于中心城而言，以往的发展政策有别，而当前的外围区在城市各个分区组团中实行所在区域的统一政策，两者只是产业定位，城市功能不同，外围区更多发展了房地产，现代化条件甚至不输于以往的中心城，当然，消费品质、层次、多样性也同样不落后。其次，要不断开发和建设消费副中心。需要注意到城市空间终归有限，消费中心的人流往来规模大，而且消费需要人们现场体验，离不开一定的场景和氛围，人员聚集程度更高，而且流动性明显，这是消费经济和生产经济相比，通勤要求更高、不稳定因素更多的原因，需要分散消费区域，化解集聚风险。同时，消费分流，建立消费副中心，有利于提升整个区域，包括中心区域和周边区域的消费规模和层级。[1] 许多中高层次消费项目，周边区域的人们也能就近消费，从而更进一步释放消

---

[1] 周勇：《省域副中心建设的空间组织关系及其协调》，《求索》2021年第3期。

费潜力。通过外延性、规模化扩展周边消费，建立消费副中心，能够有效提升消费中心的能级，是消费中心做大做强的有力举措。

三 以虚拟化、网络化发展跨区域消费

一地作为消费中心，不仅仅是本地的消费中心，还可以是全国的消费中心，全世界的消费中心，由此需要拓宽发展视野，推进跨区域消费和跨国消费。要像温州经济那样，不仅有温州的本地经济，而且有温州的全国经济和温州的世界经济，一地消费中心也要有本地消费中心、全国消费中心、世界消费中心三位一体的建设抱负。还有，一地消费中心不仅仅是现实世界中的消费中心，还可以是虚拟消费中心。消费除基本的物质消费，更多是文化消费，除了实体投资和经营，还有更多的虚拟投资和经营，要更多发展以文化为特征的虚拟消费。比如一地的珍贵历史遗迹，出于文物保护的需要，旅游接待量有限，很多旅游者即使光顾本地，也未必有机会观赏。同时大量全国乃至世界的消费者因为种种限制，不能前来消费，这时，可以通过发展虚拟消费，将这些历史遗迹拍成纪录片，做成微缩景观，类似深圳的世界之窗。虚拟消费由此可能成为消费中心消费拓展的重要形式。另外，一地消费中心不仅仅发展线下消费，还需要利用信息技术手段，发展线上消费。在购物方面，通过发展电子商务，能够让外地消费者在外地就可进行本地消费，也能够让本地消费者在本地就可进行外地购物。同时通过线上消费补充线下消费的不足，比如在旅游购票方面，通过网上预订解决排队购票的繁琐流程及减少排队等待时间。通过线上消费丰富线下消费内容，以形成全新的线上消费模式，比如构建网上博物馆、风景区，让历史文化消费者足不出户就欣赏到一地博物馆的馆藏，旅游者远程就能欣赏到风光。

四 打破时空，全域全时消费

消费中心的消费发展应该突破空间和时间，本地发展、周边发展、全国发展、全球发展是突破空间，更进一步还要突破时间，不仅本地全时间，还要周边全时间、全国全时间、世界全时间。消费的时间突破就是在每个空间位置都实现全时消费，不仅有白天消费，还有夜间消费；白天不

仅有早晨消费、上午消费，还有中午消费、下午消费；晚上不仅有傍晚消费，还有深夜消费、凌晨消费。每个时点都有消费主题、消费热点。时点消费要依据本地外地消费者、各区域消费者、全球消费者特点，在西半球的白天时刻安排国际消费，在东半球的白天时刻安排国内消费。在晚上安排本地人工薪消费，在深夜安排本地人有闲消费。比如香港，全天候都在生活消费，来自世界各地的人都能够在自己习惯的时点消费。作为世界消费目的地之一，香港很多餐馆等服务设施二十四小时营业，西半球的人们在东半球的晚上消费。又比如澳门，全天候都在进行博彩消费。当前，各地消费中心无论是白天消费还是夜间消费，都还有广泛的拓展余地，尤其在北方，夜生活不丰富，夜间消费大有可为。许多南方的消费中心之所以业务兴旺，与夜间消费深度开发、延时开发不无关系，那里不仅夜间生产是常态，夜间消费也是常态。

本章小结

消费中心从纵向来看是一个包括节点、县域、地域、省域、区域、国家和国际等层面的中心体系，从横向来看，涉及专业化、特色化的中心体系，同样受到经济空间资源的制约，因此随着消费中心建设的热潮兴起，无论是国家层面还是地方层面，从中央到县域、乡镇都有一个消费中心如何规划布局的问题。可以将区域经济学的相关理论引入消费中心研究，将"中心—外围"细化为"本地消费区—周边消费区—跨区域消费区"。消费中心一般本地消费强劲、周边消费聚集、跨区域消费活跃，其建设有着内在的区域协作逻辑。在各类分工区域之间，本地消费是基础，周边消费是扩展，跨区域消费体现层次，因而有基础和拓展关系。本地消费是存量，但扩容有限；周边消费是增量，但增量仍然有限；跨区域消费是最大增量，且增量无限，因而有存量和增量的关系。消费中心首先是本地人消费的中心城市，其次是周边人消费的中心城市，最终是各地人消费的中心城市，因而具有文化亲和渐进关系。可以通过特色化、潮流化促进本地消费；通过外延性、规模化扩展周边消费；通过虚拟化、网络化发展跨区域消费；打破时空，发展全域全时消费等路径，强化消费中心布局。

第七章 消费中心定位

《中华人民共和国国民经济和社会发展第十四个五年规划和 2035 年远景目标纲要》指出,"培育建设国际消费中心城市,打造一批区域消费中心"①,再次从国家层面对建设消费中心提出了要求。此前,商务部等 14 部门印发《关于培育建设国际消费中心城市的指导意见》(商运发〔2019〕309 号)要求,利用 5 年左右的时间,基本形成若干综合性国际消费中心城市,带动形成一批专业化、特色化、区域性国际消费中心城市,使其成为扩大引领消费、促进产业结构升级、拉动经济增长的新载体和新引擎。② 定位是重要的发展决策,为避免同质化、低水平重复建设,促进有效战略竞争,中国需要对各地和各类消费中心进行科学定位。随着现代经济更多由生产向消费转型,中国已经于 2021 年开始试点国际消费中心城市建设,同时越来越多的省区跟进,在地方层面提出要建立消费中心。③ 如四川省成都市早在 2018 年就提出要建设具有国际影响力的消费中心城市;2021 年以来,陕西省西安市提出要加快国际消费中心城市建设。但对于消费中心在整个经济体系,消费中心城市在整个城市体系中的定位问题,大家认识却比较模糊。定位是经济事物发展的核心内涵,区域如果定位不清,发展思路就会混乱,不能突出应有的优势,与相关区域取长补

---

① 《中华人民共和国国民经济和社会发展第十四个五年规划和 2035 年远景目标纲要》,2021 年 3 月 13 日,中华人民共和国中央人民政府网(https://www.gov.cn/xinwen/2021-03/13/content_5592681.htm)。

② 《商务部等 14 部门关于培育建设国际消费中心城市的指导意见》,2019 年 10 月 14 日,中华人民共和国文化和旅游部网站(https://www.mct.gov.cn/preview/whhlyqyzcxxfw/yshjxf/202012/t20201217_919690.html)。

③ 周勇:《经济空间视角下消费中心与生产中心之争及化解》,《江西社会科学》2023 年第 2 期。

短，行稳致远，并导致重复建设、恶性竞争等问题。因此，对于（国际）消费中心（城市）这一在中国还较为新颖的消费经济、区域经济、宏观经济、国际经济现象①，非常有必要探讨其定位逻辑和内涵，以及各层次、各类别消费中心的具体定位。

第一节 已有研究的分析

当前中国涉及消费中心的概念有多个，在消费中心建设之初及理论探讨刚刚开始时，有必要对其相关概念进行辨析，以合理划分研究边界。已有文献已经初步涉及消费中心定位这一论题，本节有必要回顾借鉴。

关于消费中心的定位内涵，已有相关文献涉及。如周佳认为消费中心界定了城市在区域及全世界网络体系中的相对重要性，应具有较强的消费资源配置、消费创新引领和人力资本集聚能力。② 该文直接将消费中心的"中心"定义在城市区域，并对其属性进行说明。夏会军和张冠楠认为流通产业是中国消费市场的主要参与者，也是中国构建消费中心城市的重要基础。③ 韩成认为，构建消费中心城市是未来丰富中国城市功能的一项重要举措，对盘活国内消费市场，发挥城市经济的辐射带动作用具有重要的经济价值。④ 吴莎发现许多西部地区核心城市均在政府工作报告中提出了打造消费中心城市的概念，而其他地区（东部、中部）的二三线城市打造消费中心城市的意愿相对较低，这可能与东部、中部核心城市的辐射能力较强有关。⑤

中国近年对消费中心定位的探讨源于国际消费中心城市建设。一般而言，国际消费城市是指具备辐射全球的消费集聚力、吸引力与影响力，具

---

① 周勇：《中国特色的消费中心：从理论到实践》，《深圳大学学报》（人文社会科学版）2023年第1期。

② 周佳：《国际消费中心城市：构念、规律与对策》，《商业经济研究》2021年第14期。

③ 夏会军、张冠楠：《流通产业发展水平测度及其空间可视化分布动态研究——以京津冀城市群为例》，《商业经济研究》2020年第12期。

④ 韩成：《流通产业与消费中心城市耦合度及协同发展研究》，《商业经济研究》2021年第11期。

⑤ 吴莎：《西部地区消费中心城市发展潜力测度与收敛性特征研究》，《商业经济研究》2021年第4期。

备来自世界各地的种类丰富、质量优良的多种层次的消费品，能创新引领国际消费潮流与消费模式，来自其他地区和国家的消费者数量众多，而且具备良好人文艺术氛围、健全完善的基础设施，能有效保护消费者权益，同时消费在推动该城市经济社会发展中发挥着重大作用的国际大都市。[1] 国际消费中心是全球化时代国际大都市重要的核心功能，是具有丰富的消费内容、高端的消费品牌、多样化的消费方式、优越的消费环境，能够吸引全球消费者的高度繁荣的消费市场，是全球消费资源的配置中心，能够引领全球消费发展的创新高地。[2] 在中国的一些特大和超大城市，以建设（国际）消费中心城市为抓手，可以更好地发挥都市圈和城市群引领现代化增长的功能，在提升消费在经济增长中的基础性作用的同时，释放结构性红利。消费中心城市建设是中国大城市未来引领发展的一个新的发力点。[3] 商务部提出了国际知名度、城市繁荣度、商业活跃度、到达便利度和消费合适度五个方面的发展要求。[4] 但消费中心是一个层级体系，当前理论界关于消费中心定位内涵的探讨只是更多涉及了高层级的国际消费中心城市，对其他层级的消费中心城市或者地区缺乏分析，也就是说没有更多体系性地认识消费中心，尤其对消费中心的内部分工协作体系、中心—外围架构缺乏研究，也因此，对国际消费中心城市的认识也是不全面的，对其前沿性发展和基础性支撑把握不够。

关于消费中心的分类，根据文件精神和相关文献[5]，中国将消费中心划分为国际消费中心城市和区域消费中心，国际消费中心城市又分为综合性国际消费中心城市和专业化、特色化、区域性国际消费中心城市。这为消费中心定位及分类发展提供了一个初步依据，但对于日益庞大的消费经

---

[1] 刘社建：《"双循环"背景下上海构建国际消费城市路径探析》，《企业经济》2021年第1期。

[2] 刘涛、王微：《国际消费中心形成和发展的经验启示》，《财经智库》2017年第4期。

[3] 陆铭、彭冲：《再辩大城市：消费中心城市的视角》，《中山大学学报》（社会科学版）2022年第1期。

[4] 《商务部等14部门关于培育建设国际消费中心城市的指导意见》，2019年10月14日，中华人民共和国文化和旅游部网站（https://www.mct.gov.cn/preview/whhlyqyzcxxfw/yshjxf/202012/t20201217_919690.html）。

[5] 王微、王青、刘涛等：《国际消费中心城市：理论、政策与实践》，中国发展出版社2021年版。

济体系及越来越重要的区域消费经济、国际国内双循环而言，已有定位和分类认识还远远不够。消费中心定位分析和分类分析是强化消费中心体系性认识的重要手段，还需要进一步深化、具体化、细化。尤其要根据时代背景、经济阶段、发展目标、产业功能、行业属性，围绕消费经济和生产经济区别、消费中心和生产中心区别、消费和消费中心区别、消费中心与一般消费地区别、各层次消费中心区别五方面区别定位好消费中心。

本节的创新包含两方面，一是在现有文献的基础上进一步细化，深化了消费中心定位分析。第一，阐述了定位逻辑，包括遵循要素逻辑，进行资源配置定位；遵循层次逻辑，进行水平定位；遵循产品逻辑，进行供给定位；遵循增值逻辑，进行价值定位；遵循系统逻辑，进行文化定位；遵循聚集逻辑，进行空间定位；遵循增量和自立自强逻辑，进行路径定位；遵循安全和可控逻辑，进行主导性定位。第二，揭示具体定位内涵，包括消费流通者、消费升级者、消费加工者、消费增值者、消费集大成者、消费创新者、消费集群者、消费组织者。二是基于定位内涵，对中国消费中心进行分类，这也可以看作定位理论的实践应用创新，并对定位内涵和分类之间的关系进行说明。

第二节　消费中心一般定位逻辑

整个经济可分为生产、分配、流通、消费四个阶段，周而复始。随着网络技术、个性消费、共享消费、平台经济等发展，消费因素不断移向经济过程的前端，比如消费者自助服务，在生产环节参与创新，甚至消费者直接加入生产制造过程。典型的例子是休闲农业，消费者包租小块土地，有时间就自己耕种，没时间就托管。当前人类生产和生活界限越来越模糊，以科研这个职业为例，很多科学家工作即生活，生活即工作，潜心于科学的海洋。可以说经济活动中生产、分配、流通、消费越来越由串行变成并行。也即，生产、分配、流通、消费一方面表现为前后阶段的时序特征，另一方面表现为基于不同环节的空间特征。甚至在生产经济向消费经济转型过程中，经济的发起端并不一定在生产，而更多在消费，从而消费因素渗透于各经济环节，不再局限于传统的消费环节，对经济全流程产生影响。本节在此背景下考察消费中心的角色定位逻辑。

一 要素逻辑中的资源配置定位

即遵循要素逻辑，进行资源配置定位。消费需要配置相关资源和选择相关产品，通过资源和产品的流通，消费市场得以活跃。可以说，市场是消费资源配置和产品购销的基础性机制，市场也由此成为消费发展的根本性因素，对区域消费发挥着决定性作用。在构建以国内大循环为主体、国内国际双循环相互促进的新发展格局过程中，既需要建设好国内消费大市场，因而要促进全国性、区域性，甚至城乡社区节点性消费中心建设，又需要建设好国际消费中心（城市），在全球配置消费资源，流通全球消费品，引进国际先进消费项目，同时助力国内消费品牌走出国门，扩大国际影响。消费要素的大聚集和大扩散，消费品和服务的大规模供给和集散应是消费中心的经济常态，或者说，消费中心是消费资源的配置中心和消费品集散中心。消费流通者是从广义的资源、资产配置角度对消费中心进行定位，体现的是消费要素逻辑。

二 层次逻辑中的水平定位

即遵循层次逻辑，进行水平定位。根据马斯洛的需求层次理论，消费有层级之分。消费层级有丰富的内涵，既包括消费满足的层级也包括消费服务的层级。层级既包括时序、过程意义上的层级，比如一地消费设施水平由低层次向高层次提升；也包括空间梯度、分布意义上的层级，如发达地区高层次消费项目和欠发达地区较低层次消费项目。关于消费层级的认识更具有指示意义、现实把握意义、决策依据意义。之所以要建设消费中心，尤其当前更强调国际消费中心建设，就是为了不断提高中国城市的消费发展层级，要通过层级提升，促进消费中心做大做强，实现国家消费经济高质量发展。同时，认清自身的消费中心层级现状，有利于一个地区找准发展定位，协同其他消费区域一道发展。消费中心之所以成为消费中心，也一定是实现了消费升级者，在与一般消费地区的竞争中脱颖而出。消费升级是从水平角度对消费中心进行定位，贯彻的是层次逻辑。

三 产品逻辑中的供给定位

即遵循产品逻辑，进行供给定位。平时经济生活中，我们既可以说消费了产品，也可以说消费了消费品，看起来产品和消费品都可以表达消费对象。但在消费意义上，两者却有本质的不同，产品更多属于生产经济概念，在产品仅仅在生产车间完成，或者还在厂区范围之内时，它更多是物质的，或者说物理属性的。而消费品已经有了明确的消费导向，它已经更多移至消费现场，包括购物商城、餐馆酒吧等服务场所，因而是消费经济概念。产品更多与生产工人相联系，消费品更多与消费服务从业人员及消费者联系。通过纳入消费范畴，产品转换成消费品，被进行了消费的"加工"，其品质内涵进一步丰富。消费中心是消费品深加工者，深化了经济中产品的内涵，因此，消费加工者是从供给角度对消费中心进行定位，贯彻的是产品逻辑。

四 增值逻辑中的价值定位

即遵循增值逻辑，进行价值定位。消费通过服务者服务，增加生产者的产品价值，进一步创造消费品价值。比如销售者通过市场反馈，把产品改进意见提交给生产厂家，从而让生产方生产的产品市场价值更高，这相当于通过服务增加了生产者的产品价值。又比如销售者通过市场调研，确定进货，把工厂生产的产品转运到更有需求潜力、出价更高的市场，这就相当于通过服务进一步创造了消费品价值。消费服务也增加了顾客价值，比如服务便利的地方能够减少消费者服务搜寻和可达性成本，相当于增加了消费者剩余。还有一种消费价值增值途径，就是消费者也能给消费系统乃至整个经济系统带来增值，比如通过消费聚集效应促进了消费服务集聚，两者都实现规模和范围效应。消费增值无论是对生产者、消费者还是中间商、后续服务者都具有重大意义，并通过生产者剩余促进消费品生产，消费服务提供，通过消费者剩余促进消费，改善人们生活水平。消费增值者是从价值角度对消费中心进行定位，贯彻的是增值逻辑。

五 系统逻辑中的文化定位

即遵循系统逻辑，进行文化定位。消费是一个庞大的体系，而消费中心在这一体系中居于中心地位，汇集特色消费、地方消费、国内外消费、各领域消费、各群体消费。其具体的表现是广征博收，比如荟萃各群体消费。各群体消费又分为各年龄群体、各民族群体、各爱好群体、性别群体、职业群体等。也即一个优秀的消费中心应能够满足日益分化的大众消费的需要，同时能够满足多样化需要，为消费者提供"一站式"消费。消费的系统性荟萃本质上是消费文化集大成。而要实现消费文化集大成，并不仅仅是把各类消费汇合、收集在一起，更是消费项目的体系化发展，比如打造主题消费街区，更多是消费文化的综合集成，比如既借鉴国外优秀文化，又传承中华民族优秀文化。消费集大成者是从文化角度对消费中心进行的定位，贯彻的是系统逻辑。

六 聚集逻辑中的空间定位

即遵循聚集逻辑，进行空间定位。聚集既是重要的经济规律，也是重要的生活形态。人类自古以来更倾向于群居，因而无论是作为生活的消费，还是作为经济的消费，都有聚集的特征。聚集必以一定空间形态来呈现，所以在空间上很容易表现出消费中心与一般消费地的不同，空间集聚的规模和能量也成为区分不同层次消费中心的重要依据。随着数字技术和信息网络的发展，消费空间日益分化出线下空间和线上空间，因而消费空间聚集也出现了基于线下，也即传统消费空间的聚集，以及基于线上，也即新型网络消费空间的聚集。前者如城市一类一般的实体性消费中心区，后者典型如淘宝、京东等购物平台，虽然虚拟在线上，但却是实实在在的消费聚集区，打破了传统的时空限制，即消费品产地和购买地不再有物理区隔，购物不再受时间所限。消费集群是从空间角度对消费中心进行定位，体现的是聚集逻辑。

七 增量和自立自强逻辑中的路径定位

即遵循增量和自立自强逻辑，进行路径定位。消费扩大既需要立足消费以外的供给基础端和发展条件端，如生产经济发展、收入分配水平提高、人民群众消费时实际购买力更强，也需要立足消费自身，如消费条件改善、消费项目水平提高、消费营商环境打造、消费者消费文化养成等。

后者基础的进一步夯实，能力、层次、水平的进一步提高离不开创新。在国家创新驱动发展战略实施中，创新驱动消费发展也应是题中之义。尤其是消费中心，要通过创新提高消费发展的增量。也只有高水平创新，才能促进形成高水平消费中心。同时高水平消费中心也只有以高水平消费创新为基础，才能确保消费自立自强，在中心发展中引领整个区域消费、全国消费，乃至全球消费。而因循守旧，固守传统消费，满足于消费项目照抄照搬者注定难以建成高层次消费中心。消费创新者是从路径角度对消费中心进行定位，贯彻的是增量、自立自强逻辑。

八　安全和可控逻辑中的主导性定位

即遵循安全和可控逻辑，进行主导性定位。消费经济安全是国家整体经济安全的一部分，随着经济不断由生产向消费转型，尤其在城市地区，消费更成为经济发展的主导力量，消费兴衰关乎一地经济兴衰。消费中心应发展健康、正能量、绿色的消费，推进消费经济可持续发展，首先确保最基本的产业安全，防范消费经济安全危机，比如食品安全危机、形象安全危机。以后者为例，曾经个别省份出现欺客诈骗等非诚信行为，而引致区域性的旅游发展危机。消费中心还应在优势发展的基础上，从组织角度处理好与次级消费中心及广大外围消费区、跨区域消费区的发展关系，也即要确保消费中心地位，必须做到核心消费链可控、优势项目可持续，同时通过规则制定、基础设施辐射、向外延伸消费链条等手段主导更广泛区域的消费，成就名副其实的消费中心。消费组织者是从主导性角度对消费中心进行的定位，体现的是安全、可控逻辑。

第二节　消费中心具体定位内涵

消费中心之所以为消费中心，就因为其在中心—外围框架内，以一定区域为基础能够发挥消费极化和扩散作用。需要将消费中心与一般消费地、生产中心区分开，明确其在经济系统，特别是区域经济系统中的独特地位。消费中心相比一般消费地，消费经济功能更为强大；相比生产中心，扮演的经济发展角色极为不同，能够超越或者替代后者的一些经济功能。

一 消费流通者

消费与生产是经济的两面，一个主导生活，一个主导生产，尽管两者不能从供给和需求角度截然分开，或者说两者都有供给和需求内涵，比如自助消费中消费者自己为自己服务，网络生产中生产者提出自己的消费需求。也可将整个经济分为生产经济和消费经济，生产和消费都能产生经济增值效应，比如生产产生产品附加值，消费产生服务附加值。经济的形成离不开要素，消费经济也有自己的独特要素，如消费资本、消费从业人员、消费场地、消费企业家、消费品、消费者、消费文化、消费设施等。消费中心首先应该是消费要素中心，担当消费要素流通功能。这里吸引消费资本，并向外围或者其他消费中心扩散消费资本。这里吸纳消费从业人员、培养消费人才，并向外围或者其他消费中心输送熟练人员和人才。这里为容纳消费要素提供场地或者平台，如各类人才中心、产权交易中心等。这里拥有或者培育消费企业家，并向外围或者其他消费中心输送经营和管理经验。这里是消费品的集散地，拥有消费品转运中心、储存中心、批发零售中心。这里消费者纷至沓来，宾馆酒店等接待设施发达，旅行便利。这里消费文化发达，营造出良好的消费氛围，从而产生强大的消费吸引力。这里消费设施对外租赁、交易活跃，方便消费投资经营，消费创新、创业活跃。

二 消费升级者

消费中心从一般消费节点到县域消费中心、省域消费中心、全国消费中心，再到国际消费中心，从低到高，层级分明。高层次消费中心从设施、用品、场景布局，到消费活动的组织、相关辅助服务，再到人力资源、企业家经营等方面都体现着高层次消费内涵，对服务细节做到精细。较高层次消费中心和一般消费节点的区别表现为多方面，在市场组织上，前者行业集中，大型消费项目更多，或者形成专业性项目集群，后者经营实体规模普遍小，门类分散。在消费场景方面，前者更有现代气息、浓厚氛围，后者较为古朴传统、场景朴素、地方色彩重。以茶饮为例，省城一类的省域消费中心和乡镇一类的消费节点，在消费服务层次上有着显著的不同，前者以四川成都的茶馆消费为典型，往往在空间上实现了分工布局，除了大厅，还有许多独立的茶室，动静结合，而后者更多是简单经营的茶座，营业面积不大，大多数仅为一间屋子，内置几张桌椅。在消费品方面，前者的茶叶为品牌茶，大多出自有资质的厂家或者正规流通渠道，并且根据不同消费层次，从一般的花毛峰到碧螺春等名茶一应俱全，而后者的茶叶更多是简单的农村自制茶，大多来自非正规营销渠道。服务人员专业、规范程度也不一样，后者更多是农村兼业劳动力或者剩余劳动力，年轻人少，前者更多是年轻、受过教育培训的服务人员，并且配以茶道。在分工上，后者因为规模有限，分工少，所有场所同一面孔，而前者实现了功能区分、市场分化，老年人有老年人茶馆，经商者有商务茶馆，读书者有书吧。不同层次消费中心其经营和服务档次不可同日而语，高层次消费中心的消费更加专业化、专门化，文化层次更高、现代科技应用更多。

三　消费加工者

消费中心的层次不仅表现在消费服务的升级上，还表现在对消费品的加工上，这种加工分为产品制造加工和产品售后服务延伸。在这方面，旅游商品加工是一个典型的例子，大量地方特色农产品，被辅以旅游设计，加入旅行文化、历史文化、地域文化、生态文化，或者革命文化、社会文化等内涵，就由原始的农副产品变成工业加工品，由朴素的农作物变成现代化的旅游商品，由一般商品变成品牌商品。加工水平的升级使当地产业由农业向农产品加工业转型，由线下产业向线上产业转型。营销由农户摆摊零卖变成专门的旅游商店、市场、超市售卖，由主要满足本地消费者需要变成满足旅游消费者需要。还有旅游景点，旅游消费中心的风景点一般都配置以专门的设施，让游客对所观赏景物"站得高、看得远、览得全、瞧得细"，往往一个简单景点经精细化服务、设施加工，变成精致风光，产生更多的消费服务内涵。消费中心在消费品加工方面更加精细，更加合乎消费需求，并且根据各类消费群体，不同消费场合进行有针对性的生产加工，除了上述在旅游市场上将普通农产品加工成旅游商品，还包括在更一般的市场层面将本地化（localization）商品①打造成全球化（globalization）商品②、将一般功能商品打造成高功能商品。后者如将一般食品加工成休闲食品，升级成营养食品等。

四　消费增值者

消费中心能够增加消费价值，这种消费价值增值包括消费类投资者资本增值、企业经营增值、人力资源价值增值、土地价值增值及消费者剩余增值等。相比一般消费地，消费中心价值增值空间更大，比如能够让消费投资者获得更可观的资本回报，从而吸引广泛的消费投资。能够让消费经营管理者获得更可观的产业利润和企业家回报，从而吸引大量优秀职业经理人才。能够让技能和熟练劳动者获得更可观的工资收入，让刚进入社会的年轻劳动力更有成长和发展空间，从而获得更加充分、稳定的劳动力资源。能够让土地出让者、出租者获得更多的土地价格或者租金回报，从而刺激更多的消费用地、消费设施供给。能够让消费者获得更加充分而完美的消费服务，消费剩余价值更大，四方消费者聚集。消费中心之所以是消费的中心，首先是因为消费者聚集中心，消费中心更多吸纳异地消费者前来消费，而要让消费者前来消费，消费中心就必须给异地消费者提供相比其在原来消费地更多的消费者剩余增值，否则，如果消费中心消费剩余和一般消费地的没有区别，异地消费者就不会有动力跨区域消费。

城市要成为消费中心，其消费价值增值能力需要高于其生产中心增值能力。以土地为例，消费企业经营者要能够让土地在已有生产制造业租金基础上增值，才能够实现对后者的租赁替代，比如在已有生产经营用地上，消费企业租金要能够付出高于生产企业租金，才能将土地转租下来；只有能够让土地价值增值，消费经济才可能有在城市进一步发展的空间。消费中心往往脱胎于生产中心，同时也要在价值增值上高于生产中心。纽约、伦敦、巴黎和东京成为国际消费中心城市无一例外都是发达国家后工

---

①　周勇：《基于资源环境条件的全球产业发展演化格局：由全球化到当地化》，中国社会科学院数量经济与技术经济研究所2013年课题报告。

②　童昕、王缉慈：《全球化与本地化：透视我国个人计算机相关产业群的空间演变》，《经济地理》2002年第6期；周勇：《中国特色的消费中心：从理论到实践》，《深圳大学学报》（人文社会科学版）2023年第1期。

业化的结果，20世纪70年代后，发达国家经历了工业化的突飞猛进后开始寻找新的增长点——服务业。比如作为最早进行工业化的城市之一，伦敦也曾经拥有大量的工业，以至于"雾都"成为伦敦的标志。第二次世界大战之后，伦敦市开始有意将拥挤的工业和人口向郊区转移，取而代之的是商业和现代服务业在市中心的崛起，例如邦德街和牛津街成为世界奢侈品的集聚地，同时，伦敦还建起越来越多的绿地，形成"花园城市"，并投入巨额资金维护历史建筑、博物馆、剧院等公共设施，以此吸引全世界的游客观光旅游。[①] 仍以土地为例，由于中国大多数城市发展以生产制造为基础，所以消费中心要在这些城市顺利规划建设，必须能够让土地获得更好的消费增值，让消费中心建设用地取代原有生产中心建设用地。

五 消费集大成者

许多特色消费都起源于特定地方，尤其是一些偏远外围区，并非首先在中心区发展起来。比如长沙餐饮流行的柴火饭，就源自乡间。所以论地道和原始风味，消费中心并不一定优于某些一般消费地。还有一些现代消费项目也不是消费中心所独创，往往需要从其他地区移植过来。那么消费中心的消费优势，或者更具体说消费项目优势来自什么地方呢？应该说，消费中心相比一般消费地更擅长于集成，包括引进、吸收、兼容并蓄、传承、转移。集成首先要面向外围区域、民间、历史和民俗。自古以来，这些地方消费文化之所以产生，一是因为越是偏远区域，受到正统文化的约束越少，地方文化自主和原发性越强，二是因为结合了地域特点、自然禀赋，因而别具一格。正如文化发展、文艺创作要重视民间"采风"，在消费文化发展过程中，消费中心也应多向民间"采风"，把当地的民俗消费文化纳入自己的消费体系。而且不仅仅是简单的纳入，还要嵌入时尚消费模式中，让人们在现代中回归传统，在传统中见出现代。比如现代乡野体验式餐馆，既让食客知道整个土法烹制的全过程，又在就餐规范和消费礼仪上体现现代风格。消费中心还要面向其他区域，甚至世界各地，充分吸收先进消费文化，为我所用，尤其在走向国际化过程中，消费中心要广泛

[①] 赵文哲：《国际消费中心城市的内涵及实施路径》，《人民论坛》2022年第5期。

兼容古今中外消费文化，在自己的优势领域做消费文化集大成者。商品和服务的国际化意味着城市中消费的商品和服务是全球性的，不仅仅是本地人消费全球生产的商品，也包括全球消费者在本地购买全球生产的商品。本地消费者足不出城就能购买到全球范围的产品，享受到国际化的服务；国外旅行者或者常住人口也能够在本地很容易购买到本国或自己喜欢的商品和服务。例如，在伦敦市中心，各国风味的餐馆林立，充分满足了旅居伦敦的外国人的各种偏好。①

六　消费创新者

消费中心要持续创新，并引领外围区域创新，成为消费创新中心。要进行消费观念和文化创新，倡导正确的劳动观和休闲观，增进对于人类文明进步、民生福祉和经济发展意义的理解；结合消费活动开展，树立正确的生产发展观和生活进步观；传承优良的民族消费文化，吸收先进的世界消费文化，打造中国特色的现代消费文化。要进行消费技术创新，将以互联网、大数据、人工智能、物联网为代表的新兴信息技术广泛应用于消费场景，推动线下消费和线上消费、面对面消费和非接触消费、现场消费和远程消费融合发展。要创新消费流程、改进消费经营和管理，让消费活动更贴合顾客需求，让消费者更方便消费、更乐于消费、更有消费热情。作为消费中心，应是世界范围内消费风尚的率先引入者、新型消费的创造者、传播者。要通过创新鲜明地将自己区别于一般消费地，建立自己的核心竞争力，而不是和一般消费地搞一样的消费项目，大家低水平重复竞争。消费中心在创新资源，包括创新资金、人才和试验场景上都要优于一般消费地，应站在整个区域的角度，积极进行消费创新，开拓消费新领域，带动区域消费经济发展。比如消费中心也应是绿色消费中心乃至绿色消费创新中心，技术不足和生态环境欠佳制约了中国绿色消费发展，应打造绿色消费新场景，依据线上线下经济特点，充分挖掘绿色发展的新场景和新模式。②

---

① 赵文哲：《国际消费中心城市的内涵及实施路径》，《人民论坛》2022 年第 5 期。
② 谢迟、何雅兴、毛中根：《绿色消费的测度、分解与影响因素分析》，《浙江工商大学学报》2022 年第 6 期。

七 消费集群者

消费中心的主导项目一定是大而强的,其中"大"既包括单个消费项目之大,也包括同类小项目的系统之大。只有形成一定的规模,才能产生分工,实现专业化发展,因此消费中心需要实现项目集群式发展。比如开发精品一条街,许多品牌商品在特定商业分区集中销售。还有歌舞城,众多的歌舞娱乐公司集中于一地,营造出良好的歌舞消费氛围。还有大学城、职教城,推动教育和培训消费成片发展。还有以大医院为龙头的健康医疗消费区,聚集了众多的专科医院、康养设施、医疗器械供应商等。消费中心需要以集群为单位进行整体消费经济布局,既实现专业化发展,又不失综合性功能,比如作为教育培训消费区,要有各相关专业版块的分区划片,但同时日常的衣食住行辅助性支撑功能也必须齐备,前者是重点,后者是必要的补充。当前,中国正处在消费中心初建阶段,所依托的城市大多是以前的生产制造中心,所以原有经济布局以生产制造为原则,当前亟须转变过多倚重生产发展的思路,强化生活功能,贯彻消费原则,尤其是先要布局好消费集群。否则,城市消费产业、项目,还包括设施布局不当,会导致经济区域分工不清晰和功能紊乱,消费既不能形成专业化,又不能实现规模化;整体既不能发挥带动力,个体也会发展受阻。比如某省区省会城市中心一大型医院,当时的区域定位仅为一座医院,医院周边被密集的生产区、居民区包围。随着经济发展,人们健康需求不断提高,这座医院本来可以带动一大片医疗健康消费产业发展,但日常被拥塞的交通所困,不仅医院自身周转不灵,周边的消费产业也无从建立,坐失消费经济发展良机,也最终囿于狭窄的土地空间,进一步影响了医院自身的发展。当地以及周边区域后来新成立的一些医院不断赶超这座医院,每建一座新医院就从这座医院挖人,导致这座当时名震一方的医院经营每况愈下,大项目没有能够转化为大产业,该城市的医疗卫生消费中心发展机会也由此丧失。

八 消费组织者

消费中心应是消费组织者。消费中心不仅仅是所在城市的消费中心,更是所在区域的消费中心。消费中心可分为多个层级，高层次的消费中心对低层次的消费中心也有组织之功能，比如通过传播更高层次技术推动低层次消费中心消费发展，通过提供更高水平发展经验指导低层次消费中心发展，或者通过错位发展，如特色发展，避免与低层次消费中心抢消费资源，恶性竞争消费者。高层次消费中心的这种组织功能可分为企业组织、人力资源组织、市场组织、政策法规组织、行业组织等。高层次消费中心可通过成立分支机构，如创办分公司、开设新门店方式，向低层次消费中心拓展自己的业务；低层次消费中心也可以通过获得经营许可、加盟连锁的方式，与高层次消费中心一体化发展。高层次消费中心也可以作为消费经济总部，将相关的非核心消费功能分布于次级消费中心，从而实现大城市非核心功能疏解，同时次级消费中心也获得来自高层次消费中心的消费产业转移，从而增加本地消费经济发展机会。高层次消费中心也有人力资源组织功能，主要通过培训、人才市场等方式发挥作用，为次级消费中心培训人员，输送人才；而高层次消费中心则为次级消费中心人才提供了进一步发展的机会和更高水平发挥的舞台，并为次级消费中心所在欠发达区域剩余劳动力提供就业机会。高层次消费中心还有市场组织功能，比如形成消费服务价格，实现更加细致的消费市场分工；在反垄断和不正当竞争方面，高层次消费中心协调市场准入和大小企业竞争，这从另外一个角度说明了消费中心的组织干预能力。高层次消费中心在制定消费政策、法规方面担当职责，所在地政府一般负有消费行政管理和市场调控之责。高层次消费中心建立的行业组织，如协会、商会、专业技术委员会往往负责建立所在区域，包括次级消费中心的行业标准，推动形成有效的消费市场规则，对市场内部自发性的经营惯例协调也有重要意义，同时担负日常的行业自律和协商工作。

第四节 基于地域影响的消费中心分类及发展

按照消费影响的地域范围，可将消费中心分为国际、全国、省域、地区性、县域、节点性等层次，每类消费中心都有其特定的发展内涵和定位逻辑。

一 国际消费中心及发展

国际消费中心流通国际消费要素,在建设层次上需要消费服务达到国际一流水平,消费品加工及相关产业达到国际高端层次,消费价值链占据国际高端位置,在建设效果上能够有效集成国内外消费文化,消费创新能力强且能够引领国际潮流风尚,有大而强的国际消费项目或者集群,能够有效组织国内外消费。

其中,"流通国际消费要素"是指国际消费中心经济发展立足于国际水平的消费要素和资源基础,包括来自国内外的项目、设备、资本、企业家、人力资源等。在消费设施、文化、环境上既有东方文化特色,又有西方时尚元素;既有本国情调,也有异域风情。国际消费中心不仅能利用国际资源要素发展自己,还能流通国际资源要素为中国其他消费区域服务,是中外消费要素和资源交流的前沿。"消费服务达到国际一流水平"是指国际消费中心围绕消费服务,在消费流程组织、消费服务品质、消费氛围营造、消费权利保障、健康消费文化弘扬等方面达到国际一流水平。"消费品加工及相关产业达到国际高端层次"是指国际消费中心在消费品生产加工、供给方面技术水平高、组织能力强、经营管理效率高,位列国际高端层次。"占据国际消费价值链的高端位置"是指国际消费中心不仅融入国际消费产业链,具有较强的国际竞争优势,而且占据国际价值链的高端,能够为投资者、创业者、从业人员创造较高的市场价值,为全球顾客创造较高的消费者剩余。"能够有效集成国内外消费文化"是指国际消费中心能够代表本国消费文化,广泛吸纳世界优秀消费文化,并在此基础上兼容并蓄,集中外消费文化之大成。"消费创新能力强且能够引领潮流风尚"是指国际消费中心具有前沿、基础、关键、核心消费技术创新能力,消费服务品质高,且能够不断推陈出新,引领世界消费风尚,形成消费潮流。"有大而强的国际消费项目或者项目集群"体现为国际消费中心大力引进国际消费项目,吸收其先进技术、经营和管理经验,在消化和与本土结合的基础上推出融合中外文化的国际项目,国际项目不论是对国际游客还是国内游客,都有广泛的吸引力。"能够有效组织国内外消费"体现为国际消费中心所在城市是国际性的消费行业协会、商业、专业技术委员会驻地，或者驻有重要组织机构，对国际消费规则、行业标准或者舆论拥有话语权。

中国现在正在建设国际消费中心，目前试点建设的城市包括上海、北京、天津、广州、重庆。值得说明的是，如果对标本节所提出的八大消费中心定位，除了少数城市在少数领域能够达到国际水平，多数城市在多数领域国际发育得还远远不够。对于消费经济发展，消费走向国际化，中国当前筛选重点区域集中推进有其必要，但应明确中国国际消费中心城市建设仍然任重而道远，对上述城市而言，切不可以为进入试点建设行列就以为达到了国际水平，实现了国际定位，还需要对照标准不断进取，朝着国际消费流通者、国际消费升级者、国际消费加工者、国际消费增值者、国际消费集大成者、国际消费创新者、国际消费集群者、国际消费组织者八个目标继续努力。

二 国内消费中心及发展

国内消费中心包括全国消费中心、省域消费中心、地区性消费中心、县域消费中心、节点性消费中心等，需要探讨这些消费中心不同层次的发展内涵，区分其定位。

（一）全国消费中心及发展

全国消费中心拥有全国消费影响力，比如中国的四大直辖市北京、上海、天津、重庆，外加广州、深圳等中心城市。全国消费中心流通全国消费资源和要素，消费服务处于全国高端水平，消费品生产、加工能力强，消费增值能力大，荟萃了全国消费文化，是全国消费潮流的引领者，对全国消费具有一定组织能力。全国消费中心是当前中国消费经济发展的重点区域，也是发力消费中心，尤其是国际消费中心建设的中坚力量。中国四大直辖市都被纳入了国际消费中心建设试点范围，省会城市中仅广州纳入，接下来，中国参与国际消费中心建设的城市还会更多，许多经济发展强势省区的省会有望竞争下一轮国际消费中心建设。2022年以来，在地方层面，越来越多的省区提出要支持省会城市建设国际消费中心。[①]

---

① Edward L. Glaeser, Jed Kolko, AlbertSaiz, "Consumer City", *Journal of Economic Geography*, Vol. 1, No. 1, 2001.

（二）省域消费中心及发展

省域消费中心具有省内消费影响力，一般为各省区的省会或者经济强市，比如浙江省的杭州市和宁波市、福建省的福州市和厦门市、辽宁省的沈阳市和大连市、湖南省的长沙市、四川省的成都市等。省域消费中心主要流通省内消费资源和要素，消费服务处于全省高端水平，消费品生产、加工能力较强，具有一定的消费增值能力，是一省消费文化的代表，能够引领一省消费潮流，传播世界或者全国消费风尚。对一省消费具有组织能力，比如省一级的消费者组织、消费行业协会等机构驻地都在省会，经济强市的相关消费组织也都比较健全。在强省会的背景下[①]，省会城市成为一省消费中心的趋势越来越明显。

（三）地区性消费中心及发展

地区性消费中心拥有省区以下地区影响力或者跨省、跨地交界区域影响力。跨省交界区域消费中心主要跨省的区域地级城市，如湖南省的怀化市，是湖南、贵州等西部省份交界区域的消费中心。还有一种地区性消费中心是省内跨地区消费中心，如湖南省的郴州市，不仅仅是所在地区的消费中心，也是郴州市地区各县和邻近的永州市所辖许多县的消费中心，后者因为与省会距离较远，所以到更邻近的郴州市消费。地区性消费中心流通特定区域内的消费资源和要素，消费服务在该地域内处于较高水平，具有一定的消费品加工能力，发展消费经济有优势，有市场价值增值潜力，区域消费者在当地就能获得较高的消费者剩余，集成了该区域的消费文化，并具有一定的创新能力，尤其在引进外来消费模式、接触外来消费文明方面对该区域有重要促进作用。同时消费项目有一定规模，但专业化水平有限。地区性消费中心建设对于一些地处偏远，尤其远离省会、直辖市、经济强市，同时又处于几省交界处的地市发展较为有利，除了上述的怀化市、郴州市，还包括江苏省的徐州市、苏州市，江西省的赣州市。

（四）县域消费中心及发展

县域消费中心拥有一县消费影响力，一般为一县县城。中国县级行政单位独立性强，虽然处于行政链的较末端，但各类机构健全，在消费方面

---

① 朱青林、王翔：《省域副中心襄阳构建区域消费中心城市的现状、问题与路径》，《湖北社会科学》2021年第12期。

也具有此特征，体系完整、功能较为完备。一般而言，县城虽不大，但应有的消费项目，无论水平高低、规模大小均具备。县城流通一县消费资源和要素，消费服务处于一县高端位置，在农产品加工方面有就近优势，同时县城居民消费也有利于农民销售自制农产品。县城的农产品加工水平不一定很高，但手工和传统方法却带有浓厚的非物质文化遗产特征，特色明显，在某些消费品生产如民族手工艺方面反而有优势。比如农村土法制作的一些食品，其口味是机器生产所不能替代的，一些手工艺品体现文化特质和个性特点，更是流水线生产所不可替代的，这也使县域消费中心在土特产、民族工艺品供应和消费方面见长。对于身处广大农村的农民生产者和消费者而言，去县城既可以卖农产品，也可以消费，县城是农村地区最重要的消费中心，无论是经营价值还是消费者剩余价值都较高。县城也是外来消费品、消费项目和消费时尚进入农村的窗口，是农村消费的创新引领者。县城消费不以专业化见长，但"麻雀虽小，五脏俱全"，县城尽可能在有限的财力和人口规模下，建设各类消费项目，销售各类消费品，层次不高，但求品种齐备。县城作为县域消费中心，还对广大农村消费品生产、消费市场维护发挥着重要的组织作用。

（五）节点性消费中心及发展

节点性消费中心主要是乡镇和处于交通要道的村。它们处于消费中心的底层，一般只是经营一些日用消费品，以个体或者集体经营为主，创业者主要参与一些日常必要的消费项目建设，人们消费以日常衣食住行消费、物质和生理需求满足为主。文化消费项目不多，即使有也层次不高，精神需求满足有限。因此，节点性消费中心消费资源和要素流通有限，消费服务水平不高，消费品加工能力弱，消费投资价值不高，也吸引不了高素质的服务人员；更多的是本地原生的消费项目，消费开放性不够，现代化服务设施少。而且消费秩序也比较混乱，缺乏市场监管，甚至有的地方地下赌场等赌博行为盛行，正规金融发展不足，作为正常消费信贷替代品的高利贷屡禁不止。总体而言，节点性消费中心消费项目少，消费单调，居民消费满足感低，所以也可以说，节点性消费中心是不能让居民满足的消费中心，这里的消费者总希望在节假日或者空闲时间去县城或者省城消费。同时作为草根消费中心，这里也蕴藏着巨大的消费潜力，大量低层次消费有待向中、高层次消费转化；大量没有满足的消费被压抑，需要释放。也由此，需要举办更多的消费支持活动，比如"家电下乡""电商下乡"。"家电下乡"能够消化过剩的电子生产产能，"电商下乡"有助于解决农村购物难、卖农产品难的问题。

第五节　基于消费大类和专业性的消费中心分类及发展

事物的类划分基于事物的类属性，也即根据事物的不同属性可进行不同的事物类划分。除了基于定位内涵、地域影响对消费中心进行划分，还可以基于定位内涵，依据消费大类或者专业性对消费中心进行划分。作出这样的消费中心新划分后，可以集中探讨其基于新属性的发展，也即属性定位发展内涵。

一　基于消费大类和专业性的消费中心分类

消费有很多专业领域，以下分列消费中心的专业类，但并不限于以下细分类，所列细分类主要是当前中国较为成型、普遍可见的基于消费大类和专业性的消费中心。主要有以下几类：一是旅游消费中心。相关城市或者区域发展主要依托旅游消费，比如湖南张家界，就是典型的旅游消费中心。旅游消费中心以丰富的旅游资源、优质的旅游项目吸引中外游客，整个城市经济以旅游经济为主导，产业围绕旅游消费布局。二是医疗消费中心。有些城市或者城市区域发展主要依托医疗，比如凡是著名专科医院、大型医院的所在地，均能借助健康医疗使消费经济发展起来。医疗消费无论是对于大、中城市，还是小城市，甚至对于乡镇，都有极大的经济拉动作用。比如湖南省浏阳市北乡有个社港镇，该地骨伤科有名，全镇经济很大程度上得益与骨伤科诊疗、康养相关的消费，由医疗消费带动一般生活消费及农产品供应、医疗器械生产。三是教育消费中心。中国人口规模大，大学生人数多，动辄数万人，再加上周边的培训机构、继续教育机构，人数更多，从而在大学周边极易兴起教育消费。而且不仅限于大学，包括著名的中学，因为求学者来自各地，学生加上陪读的家长，人数众多,也能在各自所在地带动起规模不小的教育经济,如湖北黄冈中学、河北衡水中学都促进了当地消费经济发展。四是体育消费中心。当前,人们越来越不满足于日常闲散、随意、仅"玩一玩"式的体育活动,素养化、训练性、专业化的体育越来越受到人们的关注,很多人投入商业性、付费、有教练指导的体育运动,围绕体育不仅需要相关培训服务,还需要一般生活服务及体育用品供应,因此体育发展也能带动消费。如河南登封少林寺,其名扬中外的武术运动消费也带动了当地消费经济。五是休闲消费中心。随着生活水平提高,休闲渐成人们日常生活方式,休闲服务渐成一大产业,同时休闲需要场景和氛围,更需要轻松的文化,一些特定休闲文化区由此成为消费热点区。比如成都以茶馆等休闲场所著名,休闲消费是这个城市重要的经济增长点。六是购物消费中心。现代购物不仅仅是买到精品、品牌商品、价廉物美的产品,更是一种休闲娱乐,由购物可带动相关生活服务消费,购物消费中心由此应运而生。比如香港曾经是购物天堂,以其免税中心地位,每年吸引了全球大量购物消费者。2018年国家发改委印发的《海南省建设国际旅游消费中心的实施方案》也提出,将海南建设成为世界知名的购物天堂。

二 基于消费大类和专业性的消费中心发展

作为专业消费中心,要做专业消费流通者,即做好专业消费领域的资源要素培育和流通工作。以旅游消费中心为例,应强化旅游产品的专业设计、生产和流通,旅游专业人才的培养和流动,旅游资本的投入和企业经营等。要做专业消费升级者,即不断提高专业服务水平,提高产业发展层次,比如医疗消费中心要不断攻克疑难病症,提高护理水平,防范医疗事故,进一步改善医患关系。要做专业消费加工者,即做好消费品深加工,不断改进工艺,推出新产品,以更好地满足消费者需求,如旅游购物中不能全是一些各地都能买到的通用货品,要加强创意,深入挖掘地域文化、传统文化、特色文化资源,从深层次的文化中找到产品创意,加大旅游产品中的本地特色比重。要做专业消费增值者,即要创造条件,包括通过政府购买、资金扶持、基础设施条件改善、政策搞活等方式,让消费投资经营者有利可图,愿意投建新项目;要通过优质而丰富多彩的项目,吸引消费者，让其愿意消费、乐于消费，获得满意的消费者剩余。要做专业消费集大成者，专业消费一般包括细分的消费领域，应在一个相对较窄的口径下做全相关领域，包揽各类项目，以集成项目，建成分工细密、涉及范围广、系统性强、互补性强的项目集群。要做专业消费创新者，即集中一点，在专业领域谋创新突破，打通行业发展的堵点，解决专业发展的难点，形成专业发展的优点。要做专业消费集群者，即要将专业领域内的各类优势项目汇集，打造专业性的项目集群、企业集群。要做专业消费组织者，即要在专业消费领域成为规则制定者、标准被对标者、时尚潮流引领者，比如在购物中心建设中，要对产品标准有话语权，对商业模式有构造能力，形成的交易规范能够被同行遵从。

本章小结

消费中心作为新时期中国消费经济、区域经济、宏观经济、国际经济发展的重要领域，是一个庞大而复杂的体系。当前越来越多的省区提出要建设（国际）消费中心（城市），但对于消费中心在整个经济体系、消费中心城市在整个城市体系中的定位，认识还比较模糊。为避免同质化、低水平重复建设，有效进行国际竞争，一方面需要通过定位和分类分析强化对消费中心的体系性认识，另一方面需要在政策层面对消费中心进行科学定位，精准推动其分类发展。消费中心具有消费流通者、消费升级者、消费加工者、消费增值者、消费集大成者、消费创新者、消费集群者、消费组织者等定位内涵。可按照消费影响的地域范围，将消费中心分为国际、全国、省域、地区性、县域、节点性等层次。基于消费大类和专业性，还可将其分为旅游、医疗、教育、体育、休闲、购物等消费中心，每一层次和类别的消费中心都有其特定的发展内涵。

第八章　消费中心升级

消费中心建设是需求侧结构性改革①的重要举措。关于消费中心的层次，中国首先是在区域层面进行探索，旨在建立区域消费中心。大约从21世纪第一个十年开始，一个新的概念——"区域性消费中心"被越来越多地提及，甚至成为地方政府对城市的新定位，如长沙市人民政府在2009年将长沙定位为区域消费中心，并提出了构建举措②；厦门利用服务贸易优势，2007年就提出要打造福建省的消费中心。直到2016年，以《国务院办公厅关于进一步扩大旅游文化体育健康养老教育培训等领域消费的意见》等文件出台为标志，国家层面才对消费中心进行筹划，并提出建设国际消费中心城市。

本章探讨消费中心的层级、升级，此处"级"既指层次、水平，也指数量、规模。消费中心（城市）理论在中国提出的时间并不久，与西方理论中的消费城市③内涵也显著不同，西方理论主要从城市消费经济视角提出，中国消费中心理论主要基于中国改革开放实践，从宏观经济、国际经济，尤其供给侧结构性改革、促进内需，畅通国内大循环、国际国内双循环，实现区域经济高质量发展角度提出。理论界近年才开始重视消费中心理论研究。④

---

① 刘志彪：《需求侧改革：推进双循环发展格局的新使命》，《东南学术》2021年第2期。
② 徐小东：《西部区域性消费中心研究》，博士学位论文，西华大学，2013年。
③ ［德］马克斯·韦伯：《非正当性的支配：城市类型学》，康乐、简惠美译，广西师范大学出版社2005年版；Edward L. Glaeser, Jed Kolko, AlbertSaiz, "Consumer City", *Journal of Economic Geography*, Vol. 1, No. 1, 2001.
④ 周佳：《国际消费中心城市：构念、规律与对策》，《商业经济研究》2021年第14期；朱青林、王翔：《省域副中心襄阳构建区域消费中心城市的现状、问题与路径》，《湖北社会科学》2021年第12期；刘司可、路洪卫、彭玮：《培育国际消费中心城市的路径、模式及启示——基于24个世界一线城市的比较分析》，《经济体制改革》2021年第5期；石培华等：《借助战略地图管理工具，发展国际旅游消费中心》，《宏观经济管理》2020年第3期。

关于消费中心层次的理论探讨，中国早期代表性研究有徐小东[①]、单筱婷[②]、肖怡[③]等，但这些研究只是简单涉及消费中心发展层次问题，并没有建立层次分析框架，更没有从理论上研究升级路径、在具体筹划方面指明建设重点。培育建设消费中心，带动一批大中城市提升国际化水平，加快消费转型升级，将是中国未来消费经济、产业经济、城市经济、宏观经济、区域经济发展中的大事情[④]，是推动中国经济高质量发展和新一轮高水平对外开放的重要举措，对于促进形成强大国内市场、增强消费对经济发展的基础性作用、更好满足人民日益增长的美好生活需要具有重要意义。无论是从理论构建还是建设实践，都需要深入研究消费中心的层次框架及升级发展。

第一节 消费中心横向层次划分

消费中心是一个层次分明的体系，大大小小、各个层级的消费中心构成一国，乃至世界消费经济版图的全部。

消费中心的"中心"不仅是一个能级概念，即消费能力强，更是一个区域概念，即相对于外围的中心。决定消费中心层次的区域既包括核心消费区，也包括外围消费区，甚至还有跨区域消费区。因此，可从狭义和广义两方面理解消费中心，狭义的消费中心主要指核心消费区，在本节主要为消费中心城市，广义的消费中心是一个泛化的概念，包括支撑核心消费区，由核心消费区带动的所有消费区域。

一 核心消费区

核心消费区有着强劲的本地消费，为什么同一区域内众多城镇只有某个或者少数城镇成为消费中心呢？首先这些城镇在本地消费起点上就

[①] 徐小东：《西部区域性消费中心研究》，博士学位论文，西华大学，2013年。
[②] 单筱婷：《厦门构建区域性消费中心的路径与政策研究》，博士学位论文，厦门大学，2014年。
[③] 肖怡：《国际大商都：广州建设国家中心城市的战略选择》，《广东商学院学报》2012年第2期。
[④] 周勇：《发力内需，稳定宏观经济》，《新湘评论》2022年第1期。

有不同，具备一定的先天条件，如人口聚集数、物产和资源等禀赋更优。衡量本地消费是否强劲的一个间接指标是消费自持性，即消费自生能力，表现为即使没有周边和外围消费，本地消费经济也能通过本地消费维持。核心消费区是消费中心建设的根本，竞争力的基础所在，衡量一个消费中心设施水平、服务质量、项目能力主要看核心消费区，只有有核心消费区之"强"，才可能有外围消费之"聚"，即聚拢外围消费区的资源，才可能有跨区域消费之"引"，即更进一步吸引跨区域消费。核心消费区应通过大而强的项目打造、浓厚的消费气氛营造、宏大的消费场景设置、先进的消费技术应用、新颖而有内涵的消费文化创意，发挥核心消费供给功能，多样化消费激发功能，并组织和协调相关区域消费，打造地区消费风向标，引领地区、全国乃至世界的消费潮流。比如在消费文化方面，消费和审美的关系既矛盾又统一[1]，核心消费区消费和审美应更加协调，从环境、景观，到消费品、消费活动都应摄入更多美的元素。

二 外围消费区

外围消费区对核心消费区形成重要的辅助支撑，外围消费区虽然消费能级相对较低，但因为区块数量多，每个区块面积相对较大，自己成不了消费中心或者消费中心层级低，但归拢起来却对主消费中心，即核心消费区，能够形成强大的支撑。很多主消费中心的消费能力并不见得非常突出，但正是借助外围消费区而实现高能级发展。比如一些省区的边远地市，从省区内来看，远离中心发达地区，受到的中心辐射少，经济位置较为孤立，但通过吸引省内偏远、更次级区域的经济能量，以及吸收邻近省份毗邻区域的消费能量，往往能够取得更好的发展能级。如湖南省的怀化市，湖南省域经济地理重心主要在狭长呈南北分布的东部岳阳、常德、益阳、长沙、湘潭、株洲、衡阳等京港沿线地带，整个中西部地域广阔，发展较为滞后，所以，怀化虽然自身生产经济不发达，但能通过吸收消费领域内广大的外围区域而成为区域消费中心。同样又如湖南郴州，在湖南省

---

[1] 卫垒垒：《消费和审美的相互融合及内在矛盾》，《东南学术》2019年第6期。

内虽然属于东部较发达的京港地带,但却远离省会增长极,属于东部偏远地区,在南向辐射方面也不顺畅,一是面临更加强劲的广东经济,二是重重的南岭山脉阻隔,经济活动既远离中心地带又不通畅,但郴州在医疗消费方面成为仅次于省会长沙的第二大中心,市内大小医院多,其发展主要是吸收了本地区及邻近永州、衡阳地区的消费资源。

三 跨区域消费区

跨区域消费在传统上要依托发达的长途交通线,比如驿道、河运、海运。以茶马古道为例,它同时也是驿道,历史上分布着多个消费重镇,这些交通节点一般是商品集散地,也吸引了大量官宦、军兵、行商和游学、旅行的人,从而刺激了消费。但由于长途交通线路有限,所以古来能够获得跨区域支持的消费中心也很有限。随着现代交通大发展,特别是铁路、航空、高速公路、高铁等快速交通工具的发展,能够获得跨区域支持的消费中心越来越多,这也带来了消费中心之间的激烈竞争,一个地方消费外流多,消费竞争力会减弱;反之,获取的外来消费资源多,消费竞争力就会增强。可以说,传统的消费中心之争仅限于小范围,少数城镇,当前的消费中心之争是全方位的、遍布各地的。而且随着现代交通更加密集发展,更多延伸向偏远地区,消费中心的版图也会紧随着更新,一些传统上默默无闻的消费地因为交通的改善而能够盘活闲置消费资源,成为消费中心。随着互联网和数字经济的发展,电子商务空前活跃,远方的人们更多地通过线上进行跨区域消费。也即跨区域消费竞争更多由线下转向线上。跨区域传统文化、地域文化消费及跨区域线上消费将越来越成为未来消费中心竞争的关键因素。

第二节 消费中心纵向层次划分

值得说明的是消费核心区更多是消费中心形成的基础,即保有的存量,要实现更高层次的消费经济发展,即获取增量,消费中心应更多开拓核心区域之外的消费,包括外围区域消费,尤其是跨区域消费。可以说随着消费中心层级提高,消费外拓的能力增强,外向性发展将成为最重要的创新和扩展因素。比如一个省域消费中心省会的消费由三个区域决定，一是省城，二是一省的其他地级市，三是与本省消费相关的其他省。在消费中心横向区域层次基础上，可将消费中心作进一步纵向层级划分。

一　国际消费中心

国际消费中心的核心消费区是在一国具有国际性消费影响的城市，主要是一国具有重大国际影响的城市。外围消费区是该城市以外一国之内的其他消费地区。消费跨区域是一国之外其他消费国家和地区。总体来看，全国消费中心借助一国消费资源，着重于培育国际消费竞争力，其核心能力更多应体现在聚集国外消费资源，引进国际消费项目，输出中国优质国际消费项目，吸引国外消费者，实现本国高端消费的国内转化等方面。当前中国上海市、北京市、广州市、天津市、重庆市正在围绕国际消费中心城市展开培育建设。

二　全国消费中心

全国消费中心的核心消费区是在一国具有全国性消费影响的城市，主要是国家中心城市。外围消费区是该城市以外的周边地区，包括所属省区的邻近地市及相邻省区邻近地市。消费跨区域是本省之外其他省区。总体来看，全国消费中心主要依托地区性消费资源，从而展现出全国的竞争力，其核心能力体现在该城市聚集周边地区消费资源，集成全国消费项目，输出区域特色优势项目，吸引全国消费者，实现本区域高端消费的就地转化等方面。比如成都作为区域中心城市，吸纳全国消费的能力强劲。

三　省域消费中心

省域消费中心的核心消费区是具有一省消费影响力的城市，主要是各省区的省会城市。外围消费区是省城周边的县乡或者卫星城、城市群。消费跨区域是其他相对偏远的地级市或者邻近省区的偏远地级市。总体来看，省域消费中心主要依托了作为一省政治、文化、交通、经济中心的省城资源，从而发挥全省消费影响力，其核心能力体现在省会聚集一省消费，集成其他区域性、全国性消费项目，输出一省特色优势项目，吸引邻近省区消费者，实现本省高端消费本省转化，获取更多他省消费资源，留住一省更多本地消费资源等方面。

四 地级消费中心

地级消费中心的核心消费区是一省之内具有地域影响的城市，主要是各省区的地级市。而且越是经济不发达，面积广袤，离中心经济区远的区域，地级市的消费核心作用越强。比如湖南益阳和怀化，同为地级市，但前者经济相对发达，面积不大，且离省城近，所以消费核心作用不强，而怀化市处在湖南省经济不发达的西部，周边同类偏远区域分布面积广，且都远离省会经济发达区，从而怀化可以整合区域消费资源，形成较强的消费核心。外围消费区是本地县乡或者邻近地区相邻县乡，消费跨区域是本地区以外其他地区，包括省区内和省区外。总体来看，地级消费主要依托了一地政治、交通、经济中心的省会优势，从而发挥地域性影响力，其核心能力体现在聚集一地消费，集成相关地域消费项目，输出地方消费特色，吸引邻近地县消费者，实现本地较高层次消费本地转化，获取更多其他地县消费资源，转化更多本地消费需求，减少本地消费资源外流等方面。值得说明的是，在经济发达地区，随着交通发展，同城化、区域一体化发展，特别是邻近强省会的地级市，正在逐步失去消费中心发展的独立地位，而成为仅具有中介、辐射意义的消费中继点。在交通等基础设施大发展的今天，省域消费发展的产业集聚、竞争马太效应，不断削弱了部分地级城市的消费中心极化功能。

五 县域消费中心

县域消费中心的核心区是具有一县消费影响力的城镇，主要是县的县城。外围消费区是县城周边的郊区和乡镇。消费跨区域是相对偏远的县乡和邻近县的相邻县乡。县域，尤其是远离省会或者中心经济发达区的县域，其消费发展的独立性更强，消费功能更完整，而且县域消费中心在保留传统和地域消费文化、发展特色消费方面具有优势。当前，中国各省省会、其他中心地区及大多数地级市都经历了程度较高的工业化改造，一方面经济进步、社会开放，另一方面也改变了传统文化面貌，这些城市在全国消费共性强，个性弱。而消费需要求新求异，地方特色风味，尤其是地道的地方消费项目受到了全国甚至全球消费者的广泛欢迎，此外，当代消费越来越呈现出生态偏好，而县域受工业化影响相对较少，尤其是在广阔的原生态乡村，生态旅游和民居带动了县域消费。所以一县虽然偏远，但因为地域消费和传统消费的保持，生态消费的得天独厚，而具有消费中心建设优势。总体来看，作为县域消费中心的县城主要依托了一县政治、文化、交通、经济中心的地位，从而发挥一县消费影响力，其核心能力体现在县城聚集一县消费，集成一县、一地消费项目，输出传统和地域性特色消费项目，吸引其他相邻县和邻近乡镇消费者，实现一县较高层次消费本县转化，获取他县消费资源，留住一县更多本地消费资源等方面。

六 消费节点

消费节点以本地消费为主，消费群体为本地人，消费品供给地可以是本地，也可以是外地；消费服务层次低，功能不完全，有的仅满足一般购物，深层次、高水平的服务及服务设施少或者无。消费节点作为一个消费集合体，主要为乡镇、中心村庄或者社区。它们既属于消费链条的末端，也属于消费链条的开端，是本地消费者的必要消费、日常消费地，本地消费供给以此为基础，走向更高层次的消费中心。比如农产品供应，更多先在乡镇集市中会合，初步交易。它们属于更高层次消费中心的外围区域或者跨区域，对外消费影响力小甚至谈不上影响力，但千千万万这样的村庄消费、社区消费总合起来，就可能构成一国消费经济的全部基础。

第三节　消费中心空间升级路径

消费中心的壮大不仅包括其内涵、质量方面，也包括其区域扩张方面，包括实体空间的拓展、资源空间的扩容、产品空间的丰富、文化空间的升级、线上空间的创新等。

一 拓展实体空间

消费中心的空间主要包括核心区域、外围区域、跨区域，消费中心层次越高，在建设中越强化了核心区域，扩展了外围区域，获得更多跨区域的发展动能。而且在消费资源和消费者吸引上，越是核心区域，离核心区域半径越近的区域，发展的基础性越强。但反之，越远的区域，从外围到跨区域，发展的增量作用越明显。为了升级消费中心，还需要推进规模发展、分工发展和专业化发展，这涉及核心区域规划、分区划片、重建和扩容，比如改造旧城，建设商圈和发展专业化市场。需要不断扩大区域消费影响范围，贯彻空间战略，更高效地利用空间，涉及的策略包括城郊、城乡一体化发展、都市圈、城市群、经济区、沿江或者沿边经济带建设，以尽可能广泛地打通消费空间、聚集消费资源，发挥空间规模经济和范围经济效应。拓展实体空间的核心是要更多地将一地的外围区域升级为核心区域，如将郊区变成城区，将分散的次级消费中心打造成副消费中心、一体化消费中心。近年来，中国许多省区开始实施省域副中心城市战略，这里的副中心不仅包括生产副中心，也包括消费副中心。[1]

二 扩容资源空间

消费中心建设需要不断夯实发展的资源基础，更多地将一般性资源发展为优势资源。消费中心是消费者中心、消费人才中心、消费项目中心、消费资本中心、消费创业中心、消费创新中心、消费设施中心。要更大范围更大规模地吸引消费者，消费者的规模和层次决定着消费中心的规模和层次。要建立良好机制，出台有利政策，广泛吸收、精心培育、努力留住、充分用好消费人才，让人才对消费中心发展形成更有力的支撑。要围绕消费项目，尤其是要主导消费项目具体落实消费中心建设蓝图，重点打造有带动力的大项目，能够发挥广泛影响的大项目，增强中小项目发展的系统性，消费项目如同生产制造的产品，是消费中心服务消费者、对消费者形成吸引力的主要因素，要不断延长项目链，强化精品项目，做大做强主导、拳头项目，以大而强的项目、系统化的项目构建消费服务优势。[2] 消费中心也是消费资本中心，要不断地将其打造成消费资本聚集的洼地，培育创新消费资本，鼓励建设消费创业空间，通过改善营商环境，提高政

---

[1] 周勇：《省域副中心建设的空间组织关系及其协调》，《求索》2021年第3期。
[2] 周勇：《大项目援助的"结构性调整"改革》，《晋阳学刊》2021年第3期。

策支持力度，活跃投资，让民营、个体、集体等各类投资主体，购物、娱乐、旅游、体育、康养等各领域资本，更踊跃投入。消费中心也是消费创新中心，要通过技术创新、文化创意，不断提高消费品供应和服务提供水平，创造更有新意、新鲜、活泼，更贴近人本质需求的服务产品。消费中心也是消费设施中心，要不断提高基础设施建设水平，提高消费的交通、信息可达性，使各类服务设施更加全面，功能更优。

三 丰富产品空间

消费虽然层次越高越具有非物质和文化倾向，但却离不开物质基础。消费品是消费与生产制造发生联系的中介，也是生产系统服务消费系统的方式，对消费发挥着支撑作用。往往层次越高的消费，其所需要的消费品层次也越高，哪怕高层次消费品物质含量低，但其制造工艺一定更加精细、外形更美观、功效更强。而且多样化的消费需要多样化的消费品作配套，以旅游为例，如果一个旅游中心希望在旅游消费之外发展更多的购物消费、人居消费、餐饮消费等，就必须有相应竞争力的消费品系统。比如在购物上，需要旅游商品生产发达，产品富有特色，具有实用性、纪念意义。人居消费方面，要有好的购买型住房产品，或者租赁型住房项目。餐饮消费方面，需要有美味的菜式和富有特色和健康性的食材。丰富产品空间的核心是要更多地将一地的生产优势转化为消费优势，生产出质量更优、丰富而多样的消费品。

四 升级文化空间

消费中心建设不仅仅重在实体、物质，更要坚持正确消费导向，打造健康消费场景，营造和谐消费氛围，培养高雅消费素养。尽管消费既是物质消费也是文化消费，但消费层次越高消费的文化成分越多，要求的文化水平越高，所以文化空间的升级比起物质空间的升级对于消费中心的升级而言，更加重要。正因为消费更是一种文化活动，所以消费中心更需要围绕人的主观感受、心灵呵护和精神需求进行打造，精细的服务安排、浓浓的人性关怀、融洽的关系处理对消费服务是如此之重要，比如酒店消费就要让顾客有宾至如归的感觉。消费中心的文化空间包括政府主导下的公共文化空间、社会主导下的社会文化空间、私人企业主导下的市场文化空间。其中公共文化空间涉及各类文化事业活动，为消费中心提供公共文化产品。社会文化空间提供行业自律、社会规范及展现公民约定俗成的一些礼仪、规则。后者如当地人对待外地消费者的态度，是公平待客还是欺客，是把外地人当作摇钱树还是宾客。市场文化空间既包括诚信，也包括服务素养、文化创意等。升级文化空间的核心是要提升一地文明服务素质、文化创意水平、生活消费境界，激发美好追求欲望，让人们敢于消费，轻松消费，乐于消费，文明消费。

五 创新线上空间

要适应互联网技术和数字经济发展的趋势，借助新兴信息、网络、人工智能等手段，发展线上虚拟消费、线上远程消费，通过线上消费补充线下消费的不足，或者拓展、延伸线下消费链。更高层次的消费更多是文化消费，通过感觉、审美和逻辑思辨直达人的心灵，而不仅仅是身体的感官刺激，因此具有虚拟、结构性特征。而虚拟和结构更是数字虚拟和物理模拟所长，发展虚拟空间消费是消费中心创新升级的重要路径。新冠疫情期间，人与人之间需要减少接触，以防止病毒传播，这对需要提供面对面服务的传统消费经济发展构成很大挑战，需要通过互联网和信息技术、人工智能手段，更多地完成以往需要由人直接完成的工作环节，达到间接服务的目的。发展线上消费空间不仅有利于应对重大自然灾害和社会危机，更能拓展现有的线下消费，使消费效率更高，这进一步印证了线上消费是消费中心升级的重要方向。升级线上空间的核心是要不断地将现代信息技术运用于消费领域，实现文化消费、远程消费、虚拟消费和线下消费协同发展，以线上消费不断丰富、补充、内涵化、便利化线下消费。

第四节 中国消费中心建设升级重点

中国各类消费中心的建设，既是参与国际竞争的需要，也是发展国内经济、畅通国内大循环的需要。既是强化区域消费增长极的需要，也是平衡生产经济发展的需要。既是继续强化发达地区经济的需要，也是平衡欠发达地区经济发展的需要。既是进一步推动东部发展的需要,也是促进中西部平衡发展的需要。因而消费中心建设能够贯彻中国系统发展、综合发展、平衡发展、高质量发展相关理念,每一类消费中心都有其发展的独特意义。

一 国家加快国际消费中心城市建设

为促进中国消费企业"走出去",进一步参与国际消费竞争,推进消费领域改革开放,满足人民群众日益增长的高层次消费需求,丰富人民消费生活,需要强化国际消费中心建设。当前主要立足于几大经济发达区域,兼顾东中西部平衡发展,推出了北京、天津、上海、广州、重庆五大国际消费中心城市试点建设。需要通过引进更多国外消费项目,聚集国内外消费资源,包括资本、人才、高素质服务人员、服务项目和消费模式,加强消费产业转移、承接、消化、吸收,以伦敦、巴黎、纽约等世界知名国际消费中心城市建设经验助力中国消费经济发展。同时发挥中国的民族消费、传统消费、地域消费、特色消费、文化消费优势,对接国际标准,创造民族消费品牌,输出民族消费服务。要吸引更多的国外人士来中国消费,也要让本国高端消费人士不出家门便能享受国际一流消费服务。要在国际消费潮流引领、国际消费规则制定中把握更多的主动权。国际消费中心也要建成中外消费交流的中心,促进世界消费文化共融、共同发展。

二 各行业加快行业性消费中心建设

行业性消费中心仍然要依托某一地域,是立足于某一区域,聚集于优势行业消费资源,形成全国性甚至世界性的行业消费中心,比如演艺行业中类似横店这样的影视服务消费中心,旅游行业中类似西藏这样的世界旅游消费目的地。中国地大物博、文化博大精深,行业性的文化消费旺盛,比如旅游文化方面的历史文化消费、民俗文化消费、自然风光消费,还有餐饮、体育、健身、武术、教育、医疗等领域消费。行业性消费中心往往利用一地特有的行业物质和文化资源,建设大型消费项目,主导项目一般是当地经济的主要组成部分,相当于集中一地资源发展某一消费项目。行业性消费中心发展的是某一区域集中于某一领域的"小巨人"式经济,不以综合为强，却以专项排名取胜，对于地域行业资源优势明显，同时发展基础有限的地区，不失为一种理想的消费发展路子。比如湖南的张家界，历史上本来是湖南的偏远欠发达地区，因为大山重重，发展传统经济的条件差，经济落后，正是通过发挥行业性优势资源——自然风光资源优势，发展旅游消费，该地经济社会发展面貌迅速改变。可以看出，行业性消费中心是区域，特别是落后区域消费经济发展的有效路子。

三 各省区加快省会城市消费中心建设

各省区省会城市以其政治、经济、文化、交通、教育、医疗、购物等中心优势，历史上就是各省区的消费中心，集聚了大量常住消费人口和全省流动消费人员。消费设施在一省区堪称一流，消费服务引领一省潮流，是全省消费的风向标。一省区省会地一般具有传承性，所以也积累了雄厚的消费资源，形成了浓厚的消费文化。回首历史，展望未来，省区省会都是理所当然的一省消费中心。中国经济具有区域竞争特点[1]，省区作为一级重要的行政建制，成为中国区域经济竞争的重要单位，省区之间围绕消费的竞争正如同围绕生产的竞争一样，更多或者更先在省区省会之间展开。同时省区省会具有统筹或者引导全省消费的能力，因而，一省消费兴盛更多体现在省会，在中国经济更多由生产经济向消费经济转型的时代，省区省会消费中心建设将成为影响省域经济发展的重要因素。这对于生产不发达的中西部省区，更是如此，发展省会消费经济，带动全省消费经济和整体经济发展，将成为这些地区摆脱落后面貌、加速经济发展、缩小与东部发展差距的重要路径。

四 各地级市加快地域消费中心建设

地市经济的独立性和重要性在中国东部发达地区不算特别明显，相反这些地区县域经济发展迅猛，很多省市已经开始试行省管县，即县在地区

---

[1] 徐阳：《中国地方政府绩效评估的历史、模式与问题——基于政治锦标赛理论视角》，《哈尔滨工业大学学报》（社会科学版）2018年第3期；唐志军、向国成、谌莹：《晋升锦标赛与地方政府官员腐败问题的研究》，《上海经济研究》2013年第4期；金太军、沈承诚：《政府生态治理、地方政府核心行动者与政治锦标赛》，《南京社会科学》2012年第6期。

之外单独建制，由省直接管理，与地级市享有相同的政治、经济和社会管理权限。但对于中西部地区，因为经济密度不高，特别是西部地域广阔，省和县之间的地级市层次还发挥着重要的行政、经济功能，具有省县之间的桥梁、纽带作用。很多县经济落后，无论是人口聚集还是资源要素流转、产业能力，都很难达到经济发展的规模要求，所以中西部地级市不仅是一地的行政中心，更是经济中心，而且其经济中心地位不像东部地级市更多由生产经济支撑，而是由消费经济支撑。一个地区即便欠发达，生产落后、产业实力弱，但仍然需要消费，消费不可或缺，在国家的转移支付、扶贫、生态补偿政策支持下，这里的基本民生得以保障，从而带动了基本消费。同时，任何地域，尤其是中西部地区，大都曾经有过历史上的辉煌时期，不乏特色和优势消费文化，比如特色餐饮、自然风光、生态资源、自然环境，在现代生产条件不具备优势的情况下，通过开发消费项目也能实现一定程度的整体经济发展。因此，消费中心建设不仅是中西部地市、"老少边穷"地区地市经济发展的重要路子，也是国家经济整体平衡、区域经济共同发展的重要举措。

五　各县加快县域特色消费中心建设

县是中国基层独立、完整的经济发展区域单位，消费经济在其中扮演着重要角色。县城是中国"三农"发展的"总部"，一县的农村中高端消费主要集中在县城。一县的消费者除了县城居民，更有四乡八村的村民，中国乡村社会化的消费设施少，甚至没有，乡村消费设施尤其是高层次消费设施主要配置在县城。县城消费受到了农业生产的强力支撑，往往在一县工业品消费昂贵，但许多农产品，特别是当地能够供应的农产品消费相对便宜，而且经过加工的农产品乡村风味浓厚，能够满足特色消费爱好者的需要。此外，因为自然环境得到更多保护，乡村消费品更有环境保障，对现代消费者有很大的吸引力。更重要的是，县城特别是偏远地区的县城远离工业中心区，属于生产中心集聚的外围、偏远区域，成为被工业遗忘的角落，所以发展县域消费经济，建设县域消费中心，既是基于地域优势的经济发展良策，也是不得已而实施的策略；既是促进乡村振兴的需要，也是不断缩小发展差距，促进城乡一体化发展的需要。

六 各节点消费地强化本地消费

各节点消费地是一定规模的消费联合体,也集中了一定数量、一些类型的消费项目,但更多满足基本消费,消费呈碎片化,即便有较高层次消费,但往往服务链条单一。比如乡村也可能有茶座,但服务简单,不可能与大城市的茶楼相比。各节点消费地主要是乡镇、村庄、社区,虽然消费项目单一、层次不高,但其日常消费量也不容小觑。这些节点消费地联系着千家万户,关系着日常生活运转,因而应重点发展便利消费。当前中国在消费经济发展中较为重视大城市消费中心建设,许多地区要求生活消费都必须进专业市场,比如居住中心和消费中心严格分区,居住的社区不能有任何商业设施,导致老百姓生活消费不方便,甚至买一颗螺丝钉都必须驱车去很远的地方。生产中心和消费中心分区,生产中心严禁商业设施,导致工人生活消费不方便,比如想临时买一盒感冒药都得请假外出。随着消费越来越专业化,日常消费成本也越来越高,越来越不方便。对于节点性消费,应允许补充发展,而不是专业性、专门性发展,以小数量、小规模便民为目标。总之,节点消费是消费链条的终点,是消费发展的末端,应更多地强化本地消费。

第五节 中国消费中心建设升级未来展望

消费中心建设是中国刺激消费,扩内需,促进国内经济大循环的重要举措,是近年消费经济发展中的一件大事,随着国家公布第一批国际消费中心试点城市,越来越多的城市将跟进消费中心建设,区域性消费中心正写进越来越多省区经济发展规划中,展望未来,消费中心建设形势必将大好,但围绕消费中心的竞争也将越来越激烈。因此,早日布局消费中心、未雨绸缪,对于区域经济发展而言,正变得越来越迫切。

一 当前国际消费中心规划不等于最后结果

商务部等14部门印发的《关于开展国际消费中心城市培育建设工作的通知》(商消费函〔2021〕344号)虽然提出了要建设五个试点城市,

但这仅仅是规划和设想，最后的结果还需要看具体市场表现、实际建设效果。对于进入名单的城市，有的当然已经具备现实优势，比如北京、上海，是中国当之无愧的世界消费中心，但对于个别城市，国际消费中心的发展潜力尚可，但当前却可能离目标差距太大，也就是说，如果不发挥优势，扬长避短，并不一定最后能够建成国际消费中心城市。对于没有进入名单的城市，未入围不代表现实消费实力弱，可能消费经济潜力很大，只不过国家出于区域平衡的需要，或者其自身优势还没有充分发挥，所以没有正式进入试点。像成都、长沙这样的老牌消费城市，也具备相当的潜力冲击国际消费中心城市。在2021年的一项国庆消费调查中，电影票房十大城市分别是上海、北京、深圳、成都、广州、重庆、杭州、苏州、武汉、西安；旅游十大目的地为北京、上海、成都、广州、重庆、杭州、深圳、西安、武汉、南京。电影消费更多是需求型消费，在其他条件一致的情况下，地区经济实力越强，可支付能力越强，这个地区居民的需求型消费就可能越多。而旅游是供给型消费，在其他条件一致的情况下，地区消费资源越丰富、质量越高，这个地区所获得的光顾消费就越多，内外消费者所贡献的消费收入就越多。

从需求型消费来看，规划的五个国际消费中心城市有四个进入，分别是上海、北京、广州、重庆，但在排位方面，除上海、北京排第一、第二，广州、重庆并没有列入第三、第四，而是落居第六、第七，未入围的深圳、成都表现好过广州、重庆。同时，未入围的杭州、苏州、武汉、西安与广州、重庆很接近。从供给型消费来看，规划的五个国际消费中心城市有四个进入，天津仍然没有进入，北京、上海依旧排在前二，但重庆并没有在第三、第四的位置，而是落居第五，未入围的成都反而以第三强过入围的广州和重庆，同时未入围的杭州、深圳、西安、武汉、南京紧跟广州、重庆，差距并不大。虽然单独凭借电影消费和旅游消费不能说明消费经济的全部，但起码从这两个单项消费来看，不能证明部分入选国际消费中心的城市就一定强过非入选城市，尤其是被规划为国际消费中心的天津，在两项消费中都没有能够进入榜单。①

---

① 《国庆电影票房十大城市：沪京深前三，成都反超广州西安跻身前十》，2021年10月7日，第一财经网（https://finance.sina.com.cn/china/gncj/2021-10-07/doc-iktzscyx8296192.shtml）。

二 区域消费中心竞争将更加激烈

当前,中国区域消费竞争激烈,消费流动性大,整体消费格局还不稳定,大多数消费中心还在初创阶段。可以预判,如同改革开放前期中国生产中心竞争一样,经过一段时间消费经济发展,现有区域消费格局将得到进一步调整。随着中国经济更多由生产向消费转型,不仅东部地区积累的消费潜力可能爆发,从而刺激消费经济高速增长,而且中西部地区随着国家转移支付、生态补偿、乡村振兴等政策实施,将获得更多的消费资源,在传统打工经济的基础上更进一步发展消费经济。消费经济发展的整体形势向好,但对于每个区域而言,因为经济非平衡发展规律,消费经济也会像生产经济一样走规模化、专业化、集聚化发展之路,竞争马太效应严重,因而区域消费经济竞争,或者说区域消费中心建设的竞争将激烈,各地应该勇于创新,大胆发展,敢于挑战,因地制宜,走自己的消费发展之路,以营造更有利的区域消费环境,取得更好的消费经济发展效果,力争在新一轮消费中心竞争中获得更有利的位置。

三 消费中心建设关系一地已有经济存量保持

改革开放以来,中国许多区域得益于生产经济发展,积累了生产财富。但随着生产活动进一步集聚,进一步专业化、高品质发展,势必出现强强之争,其结果是更强者生产经济进一步高端发展,转弱者丧失部分或者更多生产制造发展机会。在此背景下,转弱者生产转型机会少,升级乏力,单纯依靠生产经济发展无望,需要及时进行消费发展转型,否则难以避免经济下滑。当前中国总体形势是,一般产品生产,特别是中低技术层次产品生产严重过剩,存在大量落后产能,一些区域继续搞大规模生产扩张越来越不可行,需要通过发展消费供给,一是独立发展自己的消费中心功能,二是为其他邻近生产中心配套消费功能,走消费经济发展之路。因此,消费中心建设关乎生产经济背景下一地经济发展存量能否保持,经济增速能否维持。可以预计,没有及时消费转型,一些老工业区域可能面临经济下滑的风险。

四 消费中心建设成为中国经济发展的长远之策

改革开放以来，生产制造推动中国经济融入国际主流，促成中国经济高速增长，但几十年的发展也消耗了巨量的生产资源，生产增长潜力转弱。世界的资源有限，人类的物质需求在一定时期也有限，精神文化需求才是人们更高层次、更大规模的需求。而消费供给与产品供给的不同之处是，后者以生产制造更多满足了物质需求，前者以服务更多满足了精神文化需求。所以消费服务供给与人们更高层次需求、更大规模满足的要求一致，从而也成为经济发展长期的供给因素。建设消费中心，就是要发展消费服务供给能力，做大做强消费服务项目，同时发挥消费影响力，聚集充足的消费人口，吸引更多消费者消费，从而实现消费服务供需平衡发展。可以说消费服务相比消费品生产，更着眼于满足人们更长远的根本需求。当前，世界科技创新的新一轮长周期尚未出现，生产发展潜力越来越有限，激发内需和扩展外需成为经济增长的重要动力，创造消费和吸引消费的能力成为区域竞争的重要经济变量，更是国与国之间经济竞争的关键因素。消费中心建设不仅仅关乎一地经济发展增量、长远发展前景，更关乎一国经济发展增量与长远发展前景。

本章小结

消费中心建设是中国当前消费经济、产业经济、城市经济、宏观经济、区域经济发展中的大事情，转型升级是其重要主题。消费中心是一个层次分明的体系，可划分为国际消费中心、全国消费中心、省会城市消费中心、地级市消费中心、县域消费中心、消费节点等层次；大大小小、各个层级的消费中心构成一国乃至世界消费经济版图的全部，决定消费中心层次的区域包括核心消费区、外围消费区、跨区域消费区。消费中心的壮大不仅在其内涵、质量方面，也在其区域扩张方面，包括实体空间的拓展、资源空间的扩容、产品空间的丰富、文化空间的升级、线上空间的创新等。各类消费中心有其建设重点，国家加快国际消费中心城市建设，各行业加快行业性消费中心建设，各省区加快省会消费中心城市建设，各地市加快地域消费中心建设，各县加快县域特色消费中心建设，各节点消费地强化本地消费。未来，中国区域消费中心竞争将更加激烈，消费中心建设关系一地保持已有经济存量，是中国经济发展的长远之策。

第九章　消费中心空间演进

消费是经济学基础概念，中国开始社会主义市场经济建设后，发展消费一直是重要的宏观经济目标，尤其是近年作为促内需的重要一环，扩大消费得到了政策层面极大的重视。① 党的二十大报告指出，"着力扩大内需，增强消费对经济发展的基础性作用"②。中国关于消费的研究和政策实践由来已久，但关于（国际）消费中心（城市）的研究和政策实践却较晚，首先只是在地方层面提出。2003 年，沈阳出台《关于大力发展商贸流通业的若干意见》，提出"围绕建设消费中心城市的目标，建设现代商业区街网络体系"。2010 年，深圳在《关于加快推进我市经济社会平稳较快发展若干措施》中首次提到"国际消费中心城市"一词，同年又在《关于加快转变经济发展方式的决定》中提及"着力扩大消费特别是居民消费，引导消费载体、消费结构、消费内容升级，发展新型消费业态，建设国际消费中心城市"。随后，湖南等少数省份在其经济发展规划文件中提及建设"消费中心城市"。国家层面提出消费中心建设的时间较晚，2016 年 11 月，国务院发布《关于进一步扩大旅游文化体育健康养老教育培训等领域消费的意见》，首次提出建设国际消费中心城市。同年，商务部发布《关于做好"十三五"时期消费促进工作的指导意见》，提出"继续推进品牌

---

① 石明明：《论"双循环"中如何发挥消费的基础性作用》，《商业经济与管理》2021 年第 4 期。

② 习近平：《高举中国特色社会主义伟大旗帜　为全面建设社会主义现代化国家而团结奋斗——在中国共产党第二十次全国代表大会上的报告（2022 年 10 月 16 日）》，人民出版社 2022 年版。

消费集聚区建设，积极培育国际消费中心城市"①。随着（国际）消费中心（城市）建设上升为国家重大政策，其研究才逐步受到重视。可以说，关于消费中心，中国政策研究、理论研究乃至经济实践，更多是从国际消费中心城市开始。国家试点建设国际消费中心城市后②，各省区纷纷跟进规划建设消费中心。在多省区调研中发现③，由于国家一下子高起点建设国际消费中心城市，不少人误认为消费中心就是国际消费中心，对消费中心的层级体系缺乏了解，对消费中心应有的区域一体化发展、城市发展、国际贸易开展、服务业发展、层级化发展内涵缺乏认知。消费中心是和生产中心相对而言的一个概念，是中国制造业大发展、经济发展到一定阶段面临转型升级、供给侧结构性改革面临挑战、高质量发展和新发展格局构建大势所趋、整个经济需要更多由生产向消费转型等背景下的顺势而为。④当前除了发展相关理论，还需要从实际出发，明晰现有基础，即"摸清已有家底"，以便为国家下一步消费政策出台、各省区消费中心发展提供精确的决策依据和有意义的建设思路。

第一节 已有研究的分析

（国际）消费中心（城市）在中国还是较新的政策概念，在学术探讨时需要对其进行一定程度的学术概念转换。否则，概念不专业、不明晰、不合乎学科规范，学术探索就会缺乏明确的边界，思维极易混乱，并最终影响相关研究的学科构建、学理性发展。本节基于已有文献，继续深化理论分析和量化分析。

已有少量文献从多个角度提及消费中心发展。在发展内涵层面，张惠

---

① 黄庆华、向静、周密：《国际消费中心城市打造：理论机理与现实逻辑》，《宏观经济研究》2022年第9期。

② 《商务部办公厅关于进一步做好推荐申报国际消费中心城市培育建设试点工作的通知》，2020年3月5日，中华人民共和国商务部网站（https://www.mofcom.gov.cn/gztz/art/2020/art_cf7c866469344d208c6f2a0e515230f9.html）。

③ 本书调研受到中国社会科学院创新工程项目"新时代动能转换的机制与效果评价"（项目编号：IQTE2021-01）、"新时代动能转换的机制与效果评价"（项目编号：IQTE2022-01）、"推动创新驱动发展战略有效实施的体制机制及政策研究"（项目编号：IQTE2023-08）支持。

④ 周勇：《消费中心促进国内大循环的机制研究》，《中国经济学》2022年第2期。

琳等论及供给内涵,包括服务供给、要素集聚、文化浸润三个方面①;周勇提出区域内涵,包括区域竞争、区域经济转型、区域高质量发展、本地化发展四方面②,消费中心空间发展以竞争和集聚为动力,以空间扩张为发展形态③;邵川论述了人口内涵,包括从提升城市舒适度、增加城镇居民可支配收入以及提升城市环境承载力等方面促进人口增长④;吴军等从微观应用角度,提出消费场景既是城市美学价值的体现与生活方式的表达,也是城市公共生活的"孵化器"⑤;陆铭等论及发展影响,认为(国际)消费中心城市建设对城市群和都市圈发展有重要影响。⑥

在研究思想和方法层面,已有文献涉及系统化、层级化分析。如张淑萍认为,国际消费中心城市竞争力呈现行政等级梯度性、城市功能内源性和政府调控外生性,长三角的中心城市具有建设全球性、国际区域性和全国性消费中心城市的基础条件和优势,应完善城市群网络体系的消费联结点,通过分层结构性推进消费中心建设。⑦该文献运用系统思维,分析了城市群内各消费中心层级化问题。黄庆华等认为国际消费中心城市在中国的历史进程大致分为概念萌芽、层级定位、建设热潮和重点培育四个时期。⑧刘博认为应树立服务产业发展标杆,引导区域服务消费升级。⑨更进一步研究消费中心层级划分和升级的文献可见周勇的研究,他认为消费中心是一个层次分明的体系,可划分为国际消费中心、全国消费中心、省会

---

① 张惠琳、张平淡:《培育建设国际消费中心城市的高质量中国式新供给》,《求是学刊》2023年第1期。
② 周勇:《中国特色的消费中心:从理论到实践》,《深圳大学学报》(人文社会科学版)2023年第1期。
③ 周勇:《中国消费中心空间发展:动力、扩张及路径》,《求索》2022年第5期。
④ 邵川:《人口规模变迁与消费中心城市建设》,《江汉论坛》2022年第12期。
⑤ 吴军、王修齐、刘润东:《消费场景视角下国际消费中心城市建设路径探索——以成都为例》,《现代城市研究》2022年第10期。
⑥ 陆铭、彭冲:《再辩大城市:消费中心城市的视角》,《中山大学学报》(社会科学版)2022年第1期。
⑦ 张淑萍:《长三角城市群国际消费中心城市竞争力评价》,《商业经济研究》2022年第10期。
⑧ 黄庆华、向静、周密:《国际消费中心城市打造:理论机理与现实逻辑》,《宏观经济研究》2022年第9期。
⑨ 刘博:《国际消费中心城市建设背景下的服务消费发展探讨》,《商业经济研究》2022年第16期。

城市消费中心、地级市消费中心、县域消费中心、消费节点等层次，决定消费中心层次的区域包括核心消费区、外围消费区、跨区域消费区。消费中心的壮大不仅体现在内涵和质量方面，也体现在区域扩张方面，包括实体空间的拓展、资源空间的扩容、产品空间的丰富、文化空间的升级、线上空间的创新等。① 但该研究仍有进一步深化探索的空间。

在实证层面，关利欣比较分析了纽约、伦敦、东京、巴黎和新加坡五个顶级世界城市的消费中心功能。② 张淑萍对长三角城市群七个正在建设的国际消费中心城市竞争力进行了实证测评。③ 吴娟等利用标准差椭圆、莫兰指数、GWR 模型探索了消费中心城市的时空演化及其影响因素。④

本章综合已有文献，深化消费中心分层分级和层次发展理论。相关研究是有价值的开拓性研究，能够为本节提供研究支撑，但仍存在一些不足，从而启示本节研究思路。如黄庆华等提出"将国际消费中心城市明确为层级目标建设"⑤，与本节思路不谋而合，但该文没有对层级内涵进一步挖掘，即认识国际消费中心以下的层级是什么，如何从低层级的消费中心攀升到高层级的消费中心，毕竟国际消费中心培养建设是一个长期过程。当前中国各省份发展规模和水平不同，不同地域的城市越来越多地提出要建设消费中心，需要在直接建设国际消费中心城市和先建设区域消费中心城市之间作出抉择，总的原则应是基于现实层级，恰当定位，循序渐进，不可冒进或者保守。需要基于系统思维，在层级体系中规划和建设中国的消费中心。刘博提出的通过树标杆引导升级只是较微观的产业运营措施⑥，需要从更一般的角度揭示消费中心升级内涵，尤其是运用相关理论，进行

---

① 周勇：《消费中心促进国内大循环的机制研究》，《中国经济学》2022 年第 2 期。
② 关利欣：《顶级世界城市的消费中心功能比较及其对中国的启示》，《国际贸易》2022 年第 7 期。
③ 张淑萍：《长三角城市群国际消费中心城市竞争力评价》，《商业经济研究》2022 年第 10 期。
④ 吴娟、曹卫东、张宇、陶杰：《长江经济带消费中心城市时空特征及驱动因素》，《长江流域资源与环境》2022 年第 4 期。
⑤ 黄庆华、向静、周密：《国际消费中心城市打造：理论机理与现实逻辑》，《宏观经济研究》2022 年第 9 期。
⑥ 刘博：《国际消费中心城市建设背景下的服务消费发展探讨》，《商业经济研究》2022 年第 16 期。

系统性分析。定量分析是一个论题研究成熟并走向科学化不可缺少的一环,现有关于消费中心发展的量化分析文献较为缺乏,尤其是缺少关于层级发展的量化分析文献。

概括而言,本节与已有文献之间在基本论点上有关联,比如消费中心是一个层级体系,其发展是一个升级的过程;不同城市在消费方面呈等级梯度状;影响消费中心层级化发展的因素呈多元化。本节的区别在于,已有文献只是涉及本节的论题,是在讨论其他议题时顺带提出与本节关联的话题,而本节是研究消费中心城市发展水平及层级体系的专门文献,从定义、立论基础、理论内涵、量化描述等方面进行全方位系统分析。本节还深化了对已有文献相关论点的分析,比如提出了升级形态的多样化,并从五方面展开系统论述。此外还将原本更多用于生产经济分析的城市理论、区域经济理论、国际贸易理论、系统理论引入消费,特别是消费中心研究,突破了经济中心分析框架,尝试构建消费中心分析框架。总体上看,本节将依据相关学科理论,深化对消费中心发展内涵的分析,将消费中心发展命题进一步聚焦于层级体系划分和体系性升级。基本论点是,中国消费中心的发展过程实质是转型升级过程。在理论探讨的同时,本节将利用现有数据条件进行相关量化分析。

第二节 消费中心空间层级发展的一般理论分析

消费中心建设是以消费为内容、城市或者地区为依托,相关消费活动区域为范围,国内外贸易为促进,服务业为主要手段的综合性建设,其层级发展受到多因素影响、跨领域理论支持,其升级过程具有多种形态。

一 消费中心层级发展的理论基础

(国际)消费中心(城市)建设旨在激发内需、促进消费,涉及区域发展、城市发展、国际贸易开展等诸多经济环节乃至整个经济系统,也因此,中国消费中心城市发展水平及层级体系构建不仅仅受消费左右,更受到城市、区域、贸易、经济循环等因素影响。相关理论也为此提供了支撑,比如消费城市理论有助于理解作为城市的消费中心,区域经济一体化理论、增长极理论、中心—外围理论有助于解释为消费中心提供支持的跨区域消费，国际贸易理论有助于研究国际消费中心城市，系统理论有助于刻画消费经济循环体系。

(一) 消费城市理论

2001年，美国学者爱德华·格莱泽（Edward Glaeser）等在其论文《消费城市》中提出了国际消费中心城市的概念，率先从消费视角研究城市经济增长，并把城市作为商品、服务和文化的消费中心。[1] 消费型城市能提供丰富的商品和服务，拥有宜人的环境和富有美感的建筑，成为商品和服务的消费中心，大都市发展会更加依赖作为消费中心的城市功能。[2] 消费更多在城市中进行，城市不仅是生产发展的载体，更是消费创新的场景。而且作为人类活动承载体，城市（镇）消费功能产生的年代并不晚于生产功能。在原始经济时代，人们在广泛的区域内采摘、渔猎，同时居住逐渐聚集，相应地也实现了消费聚集。在封建经济时代，随着生产力发展，人们对土地的利用能力大为增强，人类城市建设的规模越来越大，往往土地耕作分布在郊野，生活集中于城市。进入资本主义时代以后，除了传统的农产品，更有工业品，后者生产水平越来越高，分工越来越细密，从而在传统的生活城市、手工业城市之外，更诞生了现代化工业城市。随着市场交换的发展，商业城市、消费城市也越来越多。现代消费中心（城市）的发展是生产的结果，也是消费的结果，既需要平衡生产和消费，强化两者联系，又需要在生产和消费之间作出取舍，化解两者冲突。[3]

(二) 区域经济理论

区域经济学涉及中心—外围、增长极、空间结构、区域差距、产业空间转移、空间一体化、城市群、梯度等理论。究其本质，区域是一个空间经济组织，区域及其资源、要素、企业、产业之间存在空间互补性，这种互补性的实现需要以可达性和适应性为前提。这里涉及区域间结合成更高层次空间组织的三个重要条件，即互补、可达和适应。互补是指区域之间

---

[1] Edward Glaeser, Joseph Gyourko, "The Economic Implications of Housing Supply", *The Journal of Economic Perspectitve*, Vol.32, No.1, 2018.

[2] Helsley R. W., Strange W. C., "Coagglomeration, Clusters, and the Scale and Composition of Cities", *Journal of Political Economy*, Vol.122, No.5, 2014.

[3] 周勇：《经济空间视角下消费中心与生产中心之争及化解》，《江西社会科学》2023年第2期。

商品、技术、资金、信息、人员、资源等基于供求关系的相互依赖,是区域协作的技术和经济基础;可达是指区域之间各类经济资源流动、传输的可能性,是区域协作的设施和物理基础;适应是指区域之间各类经济资源能够交流的心理、文化、政治、政策、贸易可能性,是区域协作的精神和社会基础。① 区域经济学对消费中心建设有着较强的指导意义。比如中心—外围理论有助于理解消费中心的核心区和扩展区域,通过拓展中心—外围理论,并结合跨区域发展理论,可将消费区域拓展为中心区—外围区—跨区域。还有极化理论,国际消费中心城市建设就是要增强一国或者一个区域的消费增长极能力,引导世界范围内消费要素聚集,并向国际辐射消费影响。

(三) 国际贸易理论

国际贸易理论有助于理解国际贸易产生的原因、结构以及贸易利益的分配问题。国际消费是国际贸易的重要组成,将国际消费置于国际贸易框架中,将更有助于国际消费中心的分析和政策实践。比如从消费人群角度,更具体说是本国人和外国人角度,可将消费分为以下八类:(1) 外国人在外国对外国产品的消费。比如美国人来华旅行购买产自中国本土生产的纪念品。(2) 外国人在外国对本国产品的消费。比如美国人来华旅行在美资麦当劳消费来自美国的产品。(3) 外国人在本国对外国产品的消费。比如美国人在美国的唐人街消费来自中国的饮品。(4) 外国人在本国对本国产品的消费。比如美国人在美国的超市购买来自美国由美国厂商生产的饮品。(5) 本国人在本国对外国产品的消费。比如中国人在中国购买来自日本由日本厂商生产的马桶盖。(6) 本国人在外国对外国产品的消费。比如中国人在日本购买来自日本由日本厂商生产的马桶盖。(7) 本国人在外国对本国产品的消费。比如中国人在日本购买来自中国由中国厂商生产的马桶盖。(8) 本国人在本国对本国产品的消费。比如中国人在中国购买来自中国由中国厂商生产的马桶盖。以上贸易类别除了外国人在外国对外国产品的消费外,本国人在本国对本国产品的消费不是国际贸易,其他都是国际贸易。从利益本位角度来看,有的国际消费形式利于本国贸易,有的

---

① 周勇:《中国消费中心空间发展:动力、扩张及路径》,《求索》2022 年第 5 期。

相反，不利于本国贸易。比如本国人在外国对外国产品的消费就被看作消费外流。对于本国人而言，一国政府更期待其能够在本国消费，最好是消费在本国生产且由本国厂商提供的产品，因为这有利于本国企业发展。次之，也可以消费在本国生产且由外国厂商生产的产品，因为这有利于对华投资。而本国人在外国对本国产品的消费并不被提倡，因为这额外增加了本国的消费成本，包括旅行费用、外国纳税，这也被看作一种非理智的消费行为。但这种行为却在中国人消费中出现，从国外买回"made in China"的人不少。更深入来看，类似的消费行为也并非完全不理性，这主要由进出口产品质量不一致，价格倒挂所致。比如中国许多出口市场商品质量高于国内市场商品，所以一些消费者被迫到国外购买本国产品。还有一些中国出口品海外销售价格要低于国内市场价格，中国消费者即使支付运费，整体成本还是低于国内购买价格。对于外国人而言，一国政府更期待其能够在本国消费，最好是消费由本国厂商提供的产品，以助于民族企业的发展，也可以消费由外国企业在本国生产的产品，这同样有利于招商引资和国家税收。即使是在外国消费，也希望消费来自本国或者由本国生产商在外国生产的产品，因为这有利于本国消费服务企业"走出去"，增强国际竞争力。

(四) 系统理论

系统理论将事物发展放在系统框架内进行分析，认为万事万物之间是一种系统关系。由一般系统到复杂系统，再到复杂巨系统，人类对系统的认识不断深化。开放的复杂巨系统理论由钱学森教授等人于20世纪90年代初提出，具有以下特性：(1) 系统与外部环境及子系统之间存在能量、信息或物质的交换。(2) 从微观到宏观，系统层次多模式多样，存在大量变异体。(3) 系统由时空交叠或分布式组件构成，按照各种各样模式、法则平等交互，涌现出宏观与整体。(4) 系统组件随时间复杂演变，子系统或基本单元通过局部、周期交互，整体上演化出一些新颖性质。(5) 基本单元或子系统数目极其巨大。① 中国消费是一个复杂巨系统，存在着区域体系和中心系统，各消费区域之间也呈现出鲜明的系统结构，从集市、社

---

① 戴汝为、王珏：《巨型智能系统的探讨》，《自动化学报》1993年第6期。

区等一般消费节点到国际消费中心城市乃至消费带,它们之间存在着明晰的层级关系。当前中国的发展方针和政策实践也体现了系统思维。党的二十大报告指出,必须坚持系统观念。万事万物是相互联系、相互依存的。只有用普遍联系的、全面系统的、发展变化的观点观察事物,才能把握事物发展规律。① 中国消费中心需要在层级性体系中培养建设,在新发展格局构建中发挥重要作用。

二 消费中心层级发展的具体形式

本节整体上基于系统理论框架,将消费中心界定为层级发展体系。根据消费城市理论,消费中心有其城市化层级内涵。根据区域一体化理论,消费中心有其区域一体化层级内涵。根据增长极理论,消费中心有其区域增长极层级内涵。根据中心—外围理论,消费中心有其体系化开放层级内涵。根据国际贸易理论,消费中心有其国际化层级内涵。消费中心是一个层级性的建设体系,其升级体现为多种具体形态。

(一) 消费中心的城市化层级:从集市、小城镇消费、中小城市消费到大城市消费

城市化是指国家或地区随着社会生产力的发展、科学技术的进步以及产业结构的调整,其社会由以农业为主的传统乡村型社会向以工业(第二产业)和服务业(第三产业)等非农产业为主的现代城市型社会逐渐转变的历史过程。② 消费的发展也是城市化的过程,消费中心的城市化层级内涵包括功能升级、人口规模扩大、生态水平提高等。建设城市是为了满足更多生产生活功能,功能升级是消费中心升级的重要方面。以共享消费为例,当前中国省会一级大城市均已经普及共享单车,但中等城市普及较少,尤其是中小城市,共享单车消费普及还很有限。从共享单车品牌入驻数、业务多样化等可看出消费中心的层级。人口规模是重要的消费规模基础,这里的人口既包括本地人口也包括外地人口,既包括本国消费者也包

---

① 习近平:《高举中国特色社会主义伟大旗帜 为全面建设社会主义现代化国家而团结奋斗——在中国共产党第二十次全国代表大会上的报告(2022年10月16日)》,人民出版社2022年版。

② 宋瑛、廖薏、王亚飞:《制造业集聚对新型城镇化的影响研究——基于空间溢出效应的视角》,《重庆大学学报》(社会科学版) 2019年第6期。

括外国消费者,消费人口规模越大,消费中心城市的层级可能越高,由数千人的乡村集市,到数万人的小城镇,再到几十万人、上百万人的中小城市,甚至上千万人的大城市。城区是消费的经济地理承载空间,消费服务用地越多,消费空间越大,消费中心城市的层级可能越高,中国城市城区面积从大城市的上千平方公里到小城市的几十平方公里不等,既有城区面积达到了1419.66平方公里的国际消费中心北京,也有众多几平方公里、十多平方公里的乡村集镇。生态是消费所依赖的环境,生态水平越高,消费品质才可能越高,只有生态建设水平高的城市才可能是消费中心建设水平高的城市。

(二) 消费中心的区域一体化层级:从城市消费到都市圈消费、城市群消费

区域一体化是指同一地区的两个以上区域,让渡部分地方管辖权,采取共同的一体化政策,或者通过基础设施互联互通、政策对接等方式,加大彼此的联系度,推进形成地区内共同的市场和生产、生活模式。由区域一体化的范围和联系质量、协作紧密度,可见消费中心发展层级。仅立足单个城市内部及狭窄周边地区,如县、乡、村范围的消费中心,其规模一般有限,层级水平不会太高。典型如作为县域消费中心的县城,往往在一县范围内联系各个乡镇,通过便利县城居民和农村居民消费,处于中国消费中心的基础层级。同样,作为大城市,如果缺乏周边城市的协同,其消费中心层级也难以跃升,典型如一些省份的偏远地市,孤立于省域一隅,多年来消费规模提升有限。即使如省会一级的大城市,如果只能利用本市及市辖区的资源,消费辐射能力不强,不能进一步实现和其他地市消费的一体化,其消费发展也往往很有限,典型如广西的南宁,因在省域内部位置较偏僻,无法协同其他地市,所以其消费中心建设潜力有限。而反观中国2021年确立的几大国际消费中心试点城市,均有区域一体化作背景,如北京、天津依托京津冀一体化,上海依托长三角一体化,广州依托粤港澳大湾区一体化,重庆依托成渝经济圈。

(三) 消费中心的增长极层级:由生产主导到消费主导,从一般消费到专业消费,从传统消费到现代消费

如果把发生支配效应的经济空间看作力场,那么位于这个力场中的推进性单元就可以被描述为增长极。构成增长极的基本要件包括:其地理空

间表现为一定规模的城市；必须存在推进性的主导工业部门和不断扩大的工业综合体；具有扩散和回流效应。增长极体系有三个层面：先导产业增长、产业综合体的增长、增长极的增长与国民经济的增长。[①] 消费中心的增长极层级内涵包括消费中心的城市、人口和消费产值规模，规模越大层级越高；中心消费对外围消费的带动能力，带动扩散越大，层级越高；外围消费区对中心消费区的支撑能力，辅助和回流效应越大，层级越高；先导性生活消费产业及项目的发展能力，先导性能力越强，层级越高；消费经济体系和生产经济体系的健全度和增长潜力，体系越发达，层级越高；消费中心对整个国家宏观经济的影响态势，影响力越强，范围越广，层级越高。要促进消费中心作为增长极的升级，可以采用以下路径：一是实现服务业转型，推动城市经济发展的动力由生产增长极转向消费增长极，城市发展由生产经济更多转向消费经济。二是由一般消费服务转向专业消费服务，提高消费增长极的专业化发展和分工水平。三是由传统消费到现代新型消费，通过引入国际时尚、国潮新品，对接国际标准，引进高水平科技和先进项目，建设现代化的消费增长极。比如昆明是云南的消费增长极，通过发挥旅游对消费，对生活服务，乃至对旅游产品加工制造的带动作用，云南经济一直以来实现了平稳发展，昆明、丽江、大理等城市成为重要的旅游消费中心。张家界原来地处湖南湘西贫困区，通过建设旅游增长极，盘活了当地的劳动力资源、土地资源、生态资源，形成了围绕旅游业的综合产业体系；旅游经济富民，助力张家界市脱贫和乡村振兴建设，张家界也在旅游增长极发展中跻身全国较高层级的旅游消费中心。

（四）消费中心的体系化开放层级：从封闭性消费[②]、跨地域消费到系统性消费[③]

消费体系的开放性和拓展能力是消费中心建设层次的重要表现。一个

[①] 向勇：《转型期我国文化产业发展模式研究》，《东岳论丛》2016年第2期。

[②] 封闭性消费是指囿于一定地域、部门、领域的消费，比如因为交通不发达、文化保守、对新事物接受度有限，一些消费者终生大部分时间在本地消费。封闭性消费与缺少对外联系的生产、经营、生活方式紧密相关。

[③] 系统性消费是指消费者不再满足单一消费，追求消费的多元化、多地化、多目标化，并且在系统中取得均衡。比如在收入约束下，既愿意体验少量高层次、价格不菲的高消费，又愿意接受价廉物美的日常消费。典型如教育消费中，普通教育、职业教育、日常培训、游学等教育形式并举，在终身学习体系中进行教育消费。

消费中心越向更加广泛的体系开放，越可能获得新颖的消费元素，获取更多的消费资源，从而助力自身发展。对于地方政府和行业经营者而言，消费中心升级是一个不断由封闭经营走向开放发展的过程。对区域而言，要突破狭小的一地，跨区域谋消费发展。比如四川省成都市在消费中心建设中要突破成都一地，在成都都市圈、成渝双城经济圈、环青藏高原经济圈、西部大开发视野中发展成都消费。以旅游消费为例，西藏拉萨等城市要跳出拉萨乃至西藏、青藏高原，联合成都等城市建设旅游消费带。

对于消费者而言，随着支付水平、消费品和需求满足水平越来越高，消费多元化，其不断突破已有的消费体系。比如在目的地体系中，更多由一地消费转向多地消费。当前很多人将常居地当作日常消费场所，更多在工作日进行本地消费，一到节假日即前往异地度假、休闲、购物，热衷于异地文化消费，在地理体系中定位自己的旅游目的地。在产品和项目体系中，消费者不断求新求异，追求新颖的消费感受。消费者自身的这种体系性开放偏好给一个地方的消费中心发展带来挑战，更开放的体系往往意味着更加直接和激烈的外部竞争，因此竞争能力是消费中心体系化建设的核心要素。如果竞争能力强，消费中心就能够进一步升级；反之，消费中心可能层级不升反降。在中国高铁建设过程中，不是所有的沿线城市消费都得到了普遍提升，很多城市因为交通条件改善，自己的竞争力弱，消费资源和客源反而流失。

(五) 消费中心的国际化层级：从本地消费、本国消费到全球消费

消费中心升级同时是一个不断本地化和全球化的过程。在保持民族文化自立自强，确保正确意识形态的前提下，要广泛引进国际消费新项目，引入时尚消费新潮流，同时做好国际消费的本土化，引导世界优秀消费文化与中华优秀传统文化相结合，与区情国情相适应。在中国不断走向世界舞台的中央，消费中心升级过程中，应充分认识国内外不同资源的战略特性，一般而言，在培养建设国际消费中心城市战略目标的达成上，本区域资源是基础，国家资源是扩展，国际化资源是提升。消费中心虽然有不同层级，但现代消费中心不论处在哪一层级，都离不开全球化发展，要在国家消费体系、全球消费体系中建设消费中心。仍以张家界的旅游消费为

例,在中国消费中心中综合能力并不强,地位远不如北京等国际消费中心显赫,但每年张家界接待的海外游客量却不少,海外旅游服务消费是张家界旅游经济的重要组成部分。其游客来源地分为日韩、东南亚、欧美、其他发展中国家,张家界市注意针对世界旅游客源地体系而设计实施有针对性的宣传和接待措施。张家界虽然不是高层级的综合性消费中心城市,但是较高层次的专门性旅游消费中心城市。

第三节 研究方法

本节在现有实证条件不完全具备的情况下,将实证的方法约束加以放松,不遵循严格的"假设—验证"研究范式,让定性分析回归定性,定量分析回归定量,所倡导的广义意义上的定性和定量相结合的方法其实也是学界,无论中国传统还是西方早就提倡、践行过的研究方法。

一 指标体系构建

消费中心城市的发展水平是一个综合概念,可以理解为城市在消费领域所具有的竞争优势大小和辐射程度,这种竞争优势和辐射能力可以更有效率、更可持续地创造消费价值,使得更多人享有更高品质的城市生活。《培育国际消费中心城市总体方案》(以下简称《方案》)[①] 公布了国际消费中心城市评估指标体系,包含国际知名度、消费繁荣度、商业活跃度、到达便利度以及政策引领度在内的五个维度25项具体指标。本节参照这些指标,并结合各地消费实际,从消费中心城市的建设逻辑出发,构建综合评价指标体系。

本节指标体系与商务部"国际消费中心城市评估指标体系"(以下简称商务部指标体系)存在一定的差异,主要表现为以下几个方面:一是评价目标不同,商务部指标体系是一个关于国际消费中心城市试点遴选机制,根据各城市已有发展情况,着力于选优排序,本节为了评价中国消费

---

① 《培育国际消费中心城市总体方案》,2021年10月26日,中华人民共和国商务部网站(http://m.mofcom.gov.cn/article/ghjh/202110/20211003211499.shtml)。

中心城市发展，所以对发展持续力更为关注，设置了专门指标。二是评价重点不同，商务部需要评价各地组织申报、开展国际消费中心试点准备工作情况，所以更多关注地方政府层面的领导组织和部门协调机制，设立了政策引领度指标，但这方面不是本节评价的重点，故没有直接采纳该指标。三是评价对象不同，在消费中心层级体系中商务部指标体系仅关注头部消费中心城市，即国际消费中心，所以它专门设计了国际知名度指标，而本节关注所有层级消费中心，所以国际知名度不是本节评价重点，没有直接引用该指标。四是本节指标更加全面，比如关于基础设施，商务部指标体系重点关注了到达便利度，即交通服务设施情况，而本节除了交通，还包括了通信、金融设施情况，设置了服务支撑力指标。本节指标体系设计思想及具体构建如下。

消费繁荣度是消费中心城市发展的现实基础。和一般消费地相比，消费中心城市是人口和经济活动的集聚地，具有资源集聚力、产业辐射力和消费引导力，居民消费较为旺盛，消费带动能力强，消费经济势能明显高于周边其他区域。消费繁荣度主要体现在消费能力和消费潜力两方面，本节借鉴《方案》，采用社会消费品零售总额、人均消费支出衡量一地的消费能力，采用人口密度衡量人口集聚程度。消费潜力是有待开发、挖掘的消费能力，是居民随着经济发展和自身可支配收入增加而释放的潜力，本节借鉴陈晨[1]、钟诗梦等[2]的研究，采用人均可支配收入、人均生产总值和国内生产总值增长率衡量一地的消费潜力。

商业活跃度是消费中心城市发展的核心动力。"需求牵引供给、供给创造需求"的更高水平动态平衡离不开有效供给，只有有竞争力的消费供给，才能在竞争中赢得消费需求。消费供给由产业决定，未来城市产业更多以现代服务业为主体，包括生产型服务业和生活型服务业，后者是消费中心城市建设的主要力量。参见张海鹏[3]的研究，本节采用第三产业占地

---

[1] 陈晨：《全面建成小康社会后中国城镇居民消费潜力的测算研究》，硕士学位论文，湖北工业大学，2020年。

[2] 钟诗梦、李平：《我国消费中心城市发展水平测度与消费支点效应——基于区域一体化视角》，《商业经济研究》2021年第1期。

[3] 张海鹏：《第三产业发展评价指标体系的构建与测度》，《统计与决策》2015年第5期。

区生产总值的比例、第三产业从业人数所占比重衡量服务业整体实力；采用限额以上批发和零售企业数衡量一地的基本消费品供给能力、星级饭店数衡量一地的餐饮行业发展水平。文化旅游产业是城市的重要比较优势，正在成为拉动消费的经济增长点，故本节采用国内游客数衡量一地的文旅资源竞争力。

服务支撑力是消费中心城市发展的基本保障。高效的信息和交通连接是商品服务流通和人口流动的基础，信息技术和交通基础设施的发展将加强中心城市的集聚功能。① 故本节采用出租汽车数、公共交通汽车数、人均道路面积和有无民航机场衡量交通设施情况；采用互联网宽带用户接入数衡量通信设施支撑力。消费型企业与生产型企业不同，后者资本量大、固定资产多、投资门槛相对较高，而前者规模小、投资门槛低，因而消费经济更多以中小企业为主体。帮助中小企业在短时间内获得融资，才能更有效激发其市场活力。并且随着互联网消费金融的迅速发展，"先消费、后付款"的消费方式逐渐成为当下的市场潮流②，故本节参考刘帷韬③的研究，采用金融业从业人数、年末各存款机构贷款余额占GDP的比重来衡量金融服务环境。

发展持续力是对消费中心城市持续高效发展的重要衡量指标。一个环境状况差的城市难以吸引源源不断的消费和投资，消费中心城市的发展将对生态环境的规划和建设提出更高的要求，故本节采用人均公园绿地面积、污水处理厂集中处理率衡量生态环境。人文环境是影响人口集聚的关键因素，消费中心城市的吸引力和包容力将促进社会生产力持续稳定发展，同时人力资源也是城市发展的第一资源，故本节采用高校数、公共图书馆藏书总量、医院卫生院床位数衡量人文环境。

最终得到的消费中心城市发展水平评价指标体系如表9-1所示。

---

① 陆铭、彭冲：《再辩大城市：消费中心城市的视角》，《中山大学学报》（社会科学版）2022年第1期。

② 任保平、苗新宇：《新经济背景下扩大新消费需求的路径与政策取向》，《改革》2021年第3期。

③ 刘帷韬：《我国国家中心城市营商环境评价》，《中国流通经济》2020年第9期。

表 9-1　　消费中心城市发展水平评价指标体系

一级指标	二级指标	基础指标	权重
消费繁荣度	消费能力	社会消费品零售总额（十亿元）+	0.067
		城镇居民家庭人均消费支出（元）+	0.008
		人口密度（人/平方公里）+	0.025
	消费潜力	城镇居民家庭人均可支配收入（元）+	0.004
		人均国内生产总值（元）+	0.015
		国内生产总值增长率+	0.002
商业活跃度	服务业整体实力	第三产业占地区生产总值的比重+	0.003
		第三产业就业人数占比+	0.031
	生活型服务业	限额以上批发及零售企业数（个）+	0.076
		星级饭店数（家）+	0.063
		国内旅客数（千人次）+	0.046
服务支撑力	交通设施支撑力	出租汽车数（千辆）+	0.044
		公共交通车辆数（千辆）+	0.084
		人均道路面积（平方米/人）+	0.012
		有无民用机场+	0.076
	通信设施支撑力	互联网宽带用户接入数（千户）+	0.048
	金融支撑力	年末贷款总额占GDP比重+	0.166
		金融业从业人数（千人）+	0.015
发展持续力	生态环境	人均公园绿地面积（平方米）+	0.006
		污水处理厂集中处理率（%）+	0.002
	人文环境	高校数（个）+	0.092
		公共图书馆藏书（万册）+	0.082
		医院、卫生院床位数（千张）+	0.033

注："+"为正向指标记号。

二　测算方法

（一）熵值法

本节采用熵值法测度中国消费中心城市发展水平综合指数及各级指标

指数，原因在于熵值法具有客观赋权的优点，权重的大小取决于数据本身的离散情况，能够实事求是反映各级指标在综合指标中的重要性。在熵值法的实际应用中，极值熵值法是最优的改进熵值法①，故本节的具体计算步骤如下：

设 x_{ij} $(i=1, 2, \cdots, n; j=1, 2, \cdots, m)$ 为第 i 个城市中的第 j 项指标的观测数据。

第一步：采用极值法对指标进行标准化处理

若评价指标 x_j 为正指标，则

$$x_{ij}^* = \frac{x_{ij}-m_j}{M_j-m_j} \quad (i=1, 2, \cdots, n; j=1, 2, \cdots, m) \tag{9-1}$$

若评价指标 x_j 为逆指标，则

$$x_{ij}^* = \frac{M_j-x_{ij}}{M_j-m_j} \quad (i=1, 2, \cdots, n; j=1, 2, \cdots, m) \tag{9-2}$$

式（9-1）和（9-2）中，$M_j = \max_i \{x_{ij}\}$；$m_j = \min_i \{x_{ij}\}$

第二步：计算第 i 个城市在第 j 项评价指标上的指标值比值

$$p_{ij} = \frac{x_{ij}^*}{\sum_{i=1}^{n} x_{ij}^*} \tag{9-3}$$

第三步：计算第 j 项评价指标的熵值

$$e_j = -\frac{1}{\ln n}\sum_{i=1}^{n} p_{ij} \ln(p_{ij}) \tag{9-4}$$

其中，$0 \leq e_j \leq 1$

第四步：计算第 j 项指标的差异系数。由式（9-4）可知，对于给定的 j，x_{ij} 的差异系数越小，e_j 就越大。当 x_{ij} 全部指标相等时，$e_j = 1$，此时指标 x_j 对各地区之间的比较没有任何影响；当 x_{ij} 差异越大，e_j 越小，指标 x_j 对各地区之间的比较作用越大。在此基础上定义差异系数：

$$g_j = 1 - e_j \tag{9-5}$$

第五步：计算第 j 项指标的权重

---

① 朱喜安、魏国栋：《熵值法中无量纲化方法优良标准的探讨》，《统计与决策》2015 年第 2 期。

$$w_j = \frac{g_j}{\sum_{j=1}^{m} g_j}, \quad j=1, 2, \cdots, m \tag{9-6}$$

其中，$0 \leqslant w_j \leqslant 1$，$\sum_{j=1}^{m} w_j = 1$

第六步：计算各地区的综合指标，本节采用线性加权综合法对 n 个被评价对象进行综合评价

$$y_i = \sum_{j=1}^{m} w_j x_{ij}^* \tag{9-7}$$

其中，y_i 为第 i 个被评价对象的综合评价值。最终各二级指标计算所得权重如表 9-1 所示。

（二）Dagum 基尼系数及其分解

为进一步考察和揭示中国城市消费中心发展水平的区域差异，本节采用 Dagum 基尼系数及其分解方法。Dagum 提出的基尼系数及分解方法是刻画区域发展差异的重要方法，能够反映出消费中心发展的地区相对差异，准确地呈现出地区发展的差异及来源，具体计算方法如下：

$$G = \frac{\sum_{j=1}^{k}\sum_{i=1}^{k}\sum_{h=1}^{n_j}\sum_{r=1}^{n_i}|y_{jh}-y_{ir}|}{2n^2 u}$$

$$G_{ii} = \frac{\sum_{h=1}^{n_i}\sum_{r=1}^{n_i}|y_{ih}-y_{ir}|}{2n_i^2 u_i}$$

$$G_{ij} = \frac{\sum_{h=1}^{n_i}\sum_{r=1}^{n_i}|y_{ir}-y_{jh}|}{n_i n_j (u_i + u_j)}$$

$$G_w = \sum_{i=1}^{K} G_{ii} \lambda_i S_i$$

$$G_{nb} = \sum_{i=2}^{K}\sum_{j=1}^{i-1} (\lambda_j S_i + \lambda_i S_j) G_{ij} D_{ij}$$

$$G_t = \sum_{i=2}^{K}\sum_{j=1}^{i-1} (\lambda_j S_i + \lambda_i S_j) G_{ij} (1-D_{ij})$$

其中，G 为总体基尼系数，表示 296 个消费中心城市发展水平的总体差异；K 为划分区域的个数，y_{jh}、y_{ir} 为区域 i、j 内任意地区的消费中心发展水平综合指数（$i=1, \cdots, K$；$j=1, \cdots, K$）；u 为消费中心发展水平的

平均值，u_i 为区域 i 内各地区消费中心发展水平的均值；n 为地区的数量，n_i 为区域 i 内的地区个数；G_{ii} 为第 i 个区域的基尼系数，G_{ij} 为区域 i 和区域 j 之间的发展水平的差异。

（三）Kernel 估计法

Kernel 估计的模型依赖性较弱且稳健性较强，根据核密度估计方法得到的曲线图分布位置、形态、延展性、极化现象，可对消费中心城市发展水平的变化特征进行多维描述：分布位置代表消费中心发展水平大小、波峰高度和宽度分布形态反映区域差异、延展性或拖尾性代表极值城市与其他城市的差距、波峰数量反映极化水平及多样性程度。

三　数据说明

考虑到地级市往往是政策执行和经济活动的基本单位，因此本节选择直辖市和地级市为研究对象，受数据获取限制，未包括港澳台地区。由于中国行政区划在 2015—2019 年有调整，考虑到研究对象的可持续性，以《中国城市统计年鉴（2021）》的行政区划为准，平衡数据后，舍弃数据缺失较多的城市，共有 291 个地级及以上城市纳入样本。[①] 本节选取的原始数据均来源于年鉴数据和可获取的公开数据，具体包括《中国城市统计年鉴》、《中国城市建设统计年鉴》、《中国环境统计年鉴》、各城市统计年鉴、统计公报、国泰安数据库。对于缺失数据，本节通过查找统计年鉴或线性插值法补全。

第四节　中国消费中心城市发展水平测度与聚类分析

一　消费中心城市发展水平综合指数及一级指标的特征

图 9-1 是 2015—2019 年中国消费中心城市发展水平综合指数及四个一级指标的变化趋势。首先，根据测算结果，中国消费中心城市发展水平

[①] 其中海南省三沙、儋州，西藏那曲、林芝、山南、日喀则数据缺失较多，故舍弃。

综合指数存在以下几个特征：第一，消费中心发展水平综合指数的均值较小，最高仅为 2019 年的 0.1199，这说明消费中心城市还存在较大的建设空间，2019 年后陆续出台的建设方案意味着中国将加快消费中心建设进程；第二，消费中心城市发展水平整体呈上升趋势，由 2015 年的 0.0133 上升至 2019 年的 0.1199，涨幅达 8.02%，年均增长率达 2%；第三，2016—2017 年消费中心发展出现较为明显的增长，主要贡献来源于服务支撑力的提升。

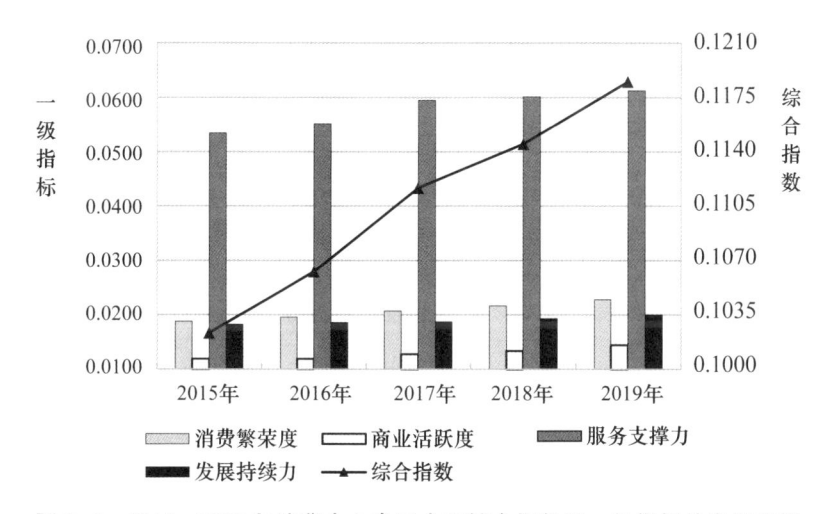

图 9-1 2015—2019 年消费中心发展水平综合指数及一级指标的变化趋势

从消费繁荣度、商业活跃度、服务支撑力、发展持续力四个一级指标的测算结果来看：第一，消费繁荣度呈现稳定上升态势，年均增长率为 5.0%，消费潜力贡献率始终高于消费能力，表明近年来人民的收入增速高于消费增速，消费潜力有待进一步释放；第二，商业活跃度自 2016 年以来涨幅明显，2018 年增长率达 7.9%，主要源于生活型服务业的快速增长，表明中国近年来在发展生活型服务业、促进消费结构升级方面取得了显著成效；第三，服务支撑力在 2015—2017 年实现较大幅度增长，涨幅达 11.0%，其余年份涨幅较小。其中，交通设施支撑力在 2015—2017 年增长率达 8.97%，其余年份几乎无明显变动；通信设施支撑力年均增长率达 17.0%，这与中国信息通信行业实现跨越式发展的现实情况相符；金融服务支撑力呈显著增长,年均增长率达6.1%,表明中国金融服务实体经济能力在持续提升;第四,发展持续力低速增长,年均增长率仅2.38%;2015—2017年生态环境指数年增长率保持在3.5%左右,2017年几乎无变化,2018年起恢复增长态势,表明中国在改善生态环境、美化居住环境方面采取了举措,但任重而道远;人文环境在2016年、2018年、2019年维持在3.5%左右的增长速度,2017年有小幅降低,人文环境的改善进程整体较缓。

二 中国各城市消费中心发展水平的特征

参考周勇的纵向层级划分[①],基于四个一级指标2019年的数据,运用K-means聚类分析,可将全国消费中心城市划分为五个层级,具体见表9-2。

表9-2 消费中心城市层级划分

层级	一级指标均值				包含城市[②]
	消费繁荣度	商业活跃度	服务支撑力	发展持续力	
国际消费中心	0.0777	0.1132	0.2075	0.1559	北京、上海、重庆、广州
全国消费中心	0.0504	0.0431	0.1481	0.0865	深圳、成都、天津、武汉、杭州、西安、南京、郑州、长沙、哈尔滨、济南、沈阳、合肥
省域消费中心	0.0329	0.0281	0.1104	0.0383	青岛、宁波、苏州、昆明、福州、石家庄、南昌、大连、佛山、南宁、泉州、太原、长春、无锡、厦门、温州、贵阳、南通、兰州、徐州、乌鲁木齐、常州、烟台、丽江、唐山、洛阳、呼和浩特、潍坊、金华、台州、济宁、赣州、扬州

---

① 周勇:《中国消费中心发展升级的理论和实践》,《东南学术》2022年第3期。
② 受篇幅限制,区域消费中心和地级消费中心仅列示部分城市。

续表

层级	一级指标均值				包含城市②
	消费繁荣度	商业活跃度	服务支撑力	发展持续力	
区域消费中心	0.0195	0.0099	0.0915	0.0123	珠海、临沂、威海、海口、南阳、包头、衡阳、银川、桂林、邯郸、上饶、湛江、秦皇岛、襄阳、宜春、绵阳、邵阳、柳州、阜阳、鄂尔多斯、张家口、宜宾、安庆、长治、连云港、常德、泸州、东营、临汾、达州、怀化、永州、南充、鞍山、信阳、延安、吉安、大庆、牡丹江、舟山、三亚、承德、克拉玛依、日照、营口、安顺、乌海、梅州、通辽、铜仁、呼伦贝尔、黄山、鸡西、乌兰察布、张家界、丹东、六盘水、池州、昭通、嘉峪关、广元、通化、巴彦淖尔、庆阳、攀枝花、普洱、陇南、固原、酒泉、张掖、伊春、哈密、中卫、临沧、白城
地级消费中心	0.0188	0.0091	0.1543	0.0117	东莞、绍兴、嘉兴、保定、淄博、廊坊、漳州、湖州、镇江、芜湖、汕头、商丘、荆州、莆田、湘潭、九江、咸阳、株洲、岳阳、宝鸡、邢台、新乡、肇庆、开封、黄冈、周口、滁州、大同、六安、安阳、蚌埠、聊城、许昌、抚州、驻马店、马鞍山、宿迁、郴州、娄底、曲靖、锦州、益阳、内江、宿州、黄石、丽水、德州、淮南、孝感、萍乡、枣庄、拉萨、渭南、三门峡、乐山、滨州、荆门、广安、河源、景德镇、崇左、濮阳、抚顺、本溪、玉溪、衡水、绥化、咸宁、清远、遂宁、铜陵、眉山、葫芦岛、商洛、鄂州、双鸭山、吐鲁番、巴中、雅安、鹤壁、辽源、石嘴山、贵港、定西、朔州、四平、铜川、鹤岗

第一层级：国际消费中心。北京、上海消费中心城市发展水平综合指数领先，它们既是中国贸易中心，又是世界消费网络的中心节点，城市综合消费实力强劲，消费引领和带动作用突出。北京的商业活跃度排名第

一，自2015年起第三产业占比就已经在85%以上，远高于中国其他城市和世界主要城市；居全国首位的服务支撑力和发展持续力是北京国际消费中心城市建设的重要优势。上海的消费繁荣度高，其社会零售品消费总额和城镇居民家庭人均消费支出居全国首位，北京的人均可支配收入虽高于上海，但转化为消费的比例却不及上海。不可忽视的是，上海的批发及零售业发展迅速，仅2018年一年的时间，限额以上批发零售企业数就从7082家增至11418家，这主要得益于2018年《全力打响"上海购物"品牌加快国际消费城市建设三年行动计划（2018—2020年）》等系列消费政策的出台，进一步激发了品牌聚集度和消费影响力，目前上海已成为中高端消费品的进口集散地，是国内外品牌入驻的首选地。旅游消费方面，尽管上海名胜古迹无法与北京相比，但作为开放兼容的国际化现代化大都市，其旅游竞争力甚至略胜于北京。重庆、广州以极大的优势领先于全国其他城市，具有建成国际消费中心城市的雄厚基础。重庆是西南地区经济中心，也是中国重要的制造业基地。广州作为华南地区的中心城市，是全国科研创新与技术研发基地，高校数仅次于北京，发展持续力具有显著优势。

第二层级：全国消费中心。全国消费中心具有全国性消费影响，是城市群和经济带的重要消费增长极，主要集中在东部和中部地区。第二层级城市与国际消费中心城市在消费发展方面差距悬殊，主要体现于消费繁荣度和商业活跃度，同时内部也存在一定的两极分化。全国消费中心城市消费发展水平较高，功能齐全，它们大多数是全国重要的综合交通枢纽和商贸物流中心，有些城市还承担着先进制造业基地、工业基地、休闲旅游中心或创新试点等功能。全国消费中心发展指数位于省域消费中心和全国消费中心之间，服务支撑力要明显优于省域消费中心，其消费繁荣度与商业活跃度较为一致。

第三层级：省域消费中心。省域消费中心是各省市的消费龙头，发挥全省消费影响力，在聚集一省消费资源的同时也输出着特色优势项目，吸引邻近省区消费者。省域消费中心涵盖全国新一线城市，发展势头强劲，主要集中在东部地区。与第二层级的城市相比，省域消费中心在商业活跃度和发展持续力方面有不小差距。发育程度较好的省域消费中心往往能够推出自己的城市特色服务产业，避免雷同发展，其科技、教育、文化、信息服务业及有优势的高技术产业和旅游业得到较快发展，有一定的消费吸引力。在发展持续力方面，相较于全国消费中心，省域消费中心高层次人才培育不足，高校数量较少，已有人才流失严重。

第四层级：区域消费中心。区域消费中心主要依托其在一定区域中较突出的政治、交通、经济中心优势，发挥地域性影响力，它能够聚集一地消费，吸引邻近市、县消费者。中国区域消费中心主要集中在中部和东部地区。一些区域消费中心以一地级市规模和行政层次，甚至拥有全国乃至世界范围的影响力，例如三亚的服务业整体水平较高，是国际旅游消费中心城市。但大多数区域消费中心经济基础还不够扎实，城市消费集聚效应和综合服务功能有待提高，特色消费项目和产业发展不够，城市消费增长极作用不明显。区域消费中心城市的建设作用往往容易被忽视，对于周边市县和乡镇来说，它既没有地级消费中心方便的可到达度，又没有省域消费中心的繁荣商业，消费吸引力不上不下，处在中间层次，身份地位很尴尬。

第五层级：地级消费中心。地级消费中心是一定地理范围内的消费节点，主要集中于中部和西部地区。例如，宁夏中卫是西北与华北的铁路枢纽，有沙坡头等自然旅游景区，是宁夏旅游名片，吸引着周边地市甚至全国消费者。地级消费中心城市是消费网络中亟待加强的节点，无论是经济实力、综合服务能力、基础设施支撑力还是发展能力等指标，都处于较低水平。比如社会生产总值不高，自然条件不占优势。第一、二产业比重大，第二产业层次低，第三产业不发达。居民收入和消费水平较低。

第五节 关于消费中心空间层级发展的一般性说明

本节对消费中心层级发展进行一般性总结。结论可分为理论分析结论和量化分析结论。启示分为政策启示及未来研究启示。政策启示进一步分为当前政策建议和未来设想，未来研究启示即未来研究展望。

一 关于消费中心层级发展的结论

消费中心是一个比消费中心城市更本质的概念。（国际）消费中心（城市）建设是中国近年区域发展、城市发展、国际贸易开展、新发展格局构建的重要举措，各地需要依托现有资源和能力基础、具体区情民情分类推进不同层级的消费中心建设。消费中心层级发展即消费中心升级具有多重内涵，包括从集市、小城镇消费、中小城市消费到大城市消费的城市化层级，从城市消费到都市圈消费、城市群消费的区域一体化层级，由生产主导到消费主导，从普通消费到专业消费、传统消费到现代消费的增长极层级，从封闭性消费、跨地域消费到系统性消费的体系化层级，从本地消费、本国消费到全球消费的国际化层级。本节在消费和消费中心转型升级方面取得了一定的理论分析进展，比如将增长极理论、系统思想、城市化思想、区域发展思想、国际贸易思想、服务业思想引入消费经济研究。在生产中心分析基础上，更丰富了消费中心理论。

本节量化分析得出了全国消费中心建设的层级体系现状。结果表明，中国存在着明晰的消费中心分布层级体系。例如北京、上海、重庆、广州处于国际消费中心层次，这与国家确定的国际消费中心试点建设名录高度一致。天津处于全国消费中心层次，现阶段还没有达到国际消费中心建设层次，但为了平衡南北经济，促进北方消费，也有必要在天津开展国际消费中心城市试点。[①] 深圳、成都、天津、武汉、杭州、西安、南京、郑州、长沙、哈尔滨、济南、沈阳、合肥位列全国消费中心层次，这些城市都具备冲击国际消费中心城市建设目标的实力，在现实政策实践中，它们均从地方角度或者专门领域，提出了国际消费中心城市建设目标，是现有国际消费中心试点城市的有力竞争者。青岛、宁波、苏州、昆明、福州、石家

---

① 同样结论见周勇《中国消费中心空间发展：动力、扩张及路径》，《求索》2022年第5期。根据国家统计局数据，全国社会消费品零售总额2021年排名前十城市分别是上海、北京、重庆、广州、深圳、成都、苏州、南京、武汉和杭州。而这一指标2022年一季度排名前十名城市分别是上海、北京、重庆、广州、成都、苏州、南京、深圳、武汉、杭州。从两份数据可以看出，上海、北京、重庆、广州作为全国消费龙头的地位较为稳定，但天津却没有进入榜单，而苏州、南京、武汉和杭州消费总额波动大，可以预见，在下一轮国际消费中心城市角逐中，这几个城市将激烈竞争。

庄、南昌、大连、佛山、南宁等是省域消费中心,这些城市基本上都在本省区"十四五"规划或者地市"十四五"规划中被赋予消费发展、消费中心建设的重任。全文实证结果和国家、各省区政策意见较为一致。

二 中国消费中心空间演进的政策启示

(一) 当前政策启示

中国客观存在着消费分布区域不均衡的问题,各地在消费中心建设过程中,需要依据不同区情,分类发展,精准施策。如西部仅重庆一个城市入围国际消费中心城市,仅成都、西安入围全国消费中心城市,而较底层的三、四层次消费中心以西部城市为主。另有一些大城市的消费中心建设还存在严重短板,比如重庆作为国际消费中心试点城市,服务业整体实力仅排第78位,推动先进制造业和现代服务业深度融合应是重庆建设国际消费中心城市的必由之路。重庆城镇人均消费支出和可支配收入只处于全国城市的平均水平,城镇居民生活消费不及北上广深,与以高收入高消费为显著特征的国内一流、世界知名国际消费中心城市相比,差距还较大,因此大力推进产业规模化、内涵化发展,不断提高经济发展水平,创造更多就业机会,稳定增加居民收入,是重庆国际消费中心城市建设的必要举措。广州游客数远不及北京、上海,在强基固本打造内在服务品质的同时,也需要提高城市知名度和美誉度,提升城市消费影响力。

本节量化分析能够为中国各地消费中心城市战略规划和实施提供可靠依据。比如可帮助各地明确消费发展定位,各城市确立自己的消费中心发展目标。结论体现了各城市在全国消费体系中所处的层级,这有利于各地明确自身的消费发展现状及消费中心建设基础。结论还筛选出了中国的标杆型消费中心城市,通过层级化搜索,大多数城市都可以找到比自己更高层次的消费中心,从而有利于其确定在本地区或者跨区域对标城市。关于消费中心层级体系的量化分析还有助于各地城市按照系统思想推进消费中心建设,比如对照层级体系,找出本地区的消费头部城市,低层级的消费中心应积极向头部消费城市靠拢,以获得消费文化、创意、技术、项目、投资转移。也就是说,低层级消费中心通过向高层级消费中心提供服务支撑,获得消费进一步发展的机会。比如衡阳和岳阳作为湖南的省域副中心城市，应更多对接消费头部城市长沙。还可以找出类似层级的消费中心城市，通过错位发展、专业化推进，避免同质竞争，在协作中共赢。又比如怀化和张家界同属区域消费中心，且同处湖南西部，怀化曾被定位为湖南的副增长极，在跨省周边消费中占有优势，而张家界是湖南的旅游增长极，海外知名度远高于怀化，两城市消费异质性强，互补性强，同时湖南西部缺乏有力量的增长极，推进两市协作，并进一步将湘西、永州、邵阳、常德纳入协作范围，或许是湖南建设西部消费中心的可能思路。

(二) 中国消费中心建设的进一步设想

中国现有消费中心大多脱胎于生产经济，这与改革开放以来中国主要发展外贸加工业，在生产制造领域融入国际产业体系，紧跟世界科技潮流，更多发展生产制造业紧密有关。当前中国已经建成"世界工厂"①，在生产规模进一步扩大潜力有限、产业转型升级面临压力的背景下，中国需要进一步发挥消费对经济增长的基础性作用，尤其需要建设好消费中心。

一是依托城市化发展消费，建设消费中心城市。现有的城市发展规划更多延续生产布局传统，贯彻的是供给侧经济原则，有必要适应服务转型、消费内需激发的需要，完善总体功能，充实消费中心建设内涵，包括消费资源培育、消费项目设置、消费服务性土地调拨、消费基础设施建设、消费人力资源培育、消费技术创新和文化创意等。当然，消费中心发展也可借鉴生产中心发展经验，比如项目打造，项目制能够显著地促进地区经济增长②，无论是生产经济还是消费经济。

二是从实际出发扩大消费，建设立足具体区情的消费中心。各城市的消费中心建设要立足已有基础，同时区分消费基础和生产基础。有一定的生产基础、经济发展水平较高、居民可支配收入普遍提高的城市具备消费经济发展、消费中心建设的条件，这在中国东部地区表现较为普遍。西部及"老少边穷"地区城市不一定具备发达制造业基础，同时当地就业有限、收入有限，但并不一定由此就认为这些地方不具备消费中心发展能力，通过异地就业打工、异地获得收入及充分利用本地生态资源、旅游资源等消费资源，这些城市同样可能走出一条消费中心发展之路，比如湖南

---

① 周勇：《经济空间视角下消费中心与生产中心之争及化解》，《江西社会科学》2023年第2期。
② 郑世林、应珊珊：《项目制治理模式与中国地区经济发展》，《中国工业经济》2017年第2期。

的张家界、云南的大理和丽江等城市。同时转型升级是消费中心发展的重要目标，但需要依据已有基础及周边条件，作出恰当的战略决策，在区域和相关城市竞争、协作中推进消费中心建设。

三是强化消费极化能力，不断提高消费中心的增长极水平。高质量发展的城市要由生产增长极更多转向消费增长极，实现生产经济向消费经济的转型，同时着力消费增长极建设，以新型消费、时尚消费、网络消费带动消费经济全盘发展，不断拓展消费新空间。高层级的消费中心一定是聚集能力强、辐射范围广的消费中心，为此要打造高能级的消费产业、消费项目，提升消费科技水平、创新创意创业水平、人才水平。

四是在区域协作中推动兼顾效率与公平的消费一体化，打造消费中心体系。消费中心建设要立足于国内国际经济大循环，在解决消费"痛点"、打通消费"堵点"中，更广泛配置消费资源，畅通消费服务体系。消费中心建设还要面向全球体系，服务强国建设、人类命运共同体建设。面向未来，做好未来体系性布局。面向新型消费，重构现有消费体系。要通过消费的体系性发展促进国民经济生产和消费平衡，推动供给侧结构性改革，实现共同发展和共同富裕。

五是推进国内消费向国际消费转型，建设开放型消费中心。相比生产全球化，消费全球化更加普遍，一个国家可以只生产某类产品，但很难只消费某类产品。生产存在国际分工，但消费却是全面的，具有普遍意义。也即人的需求多元、全面、综合，而且消费层次越高越要求消费设施的全面配套、消费服务和消费品的不断丰富，消费不能像生产那样只重某个环节，偏于某个品类分工。中国随着经济进一步发展，居民可支付水平提高，全球消费、跨文化消费体验的时代必将到来。国际消费既是消费内容和潮流，也是消费人群和方式，中国各消费中心城市无论属于哪个层级，都有必要发展好国际消费。

三 关于消费中心空间层级发展的研究展望

由本节研究可看出未来研究方向。本节实证研究更多只是对中国消费中心城市的已有发展基础进行量化分析，精准把握，或者说只是把握了中国消费中心城市建设的层级化现状，为国家和地方层面消费中心建设精准施策、分类发展提供了很好的参照体系、分析依据。在本节基础上，可进一步推进相关理论分析、实证分析、政策研究。比如对省域、都市圈、城市群、经济圈、示范区、经济带等各类区域发展主体而言，需要从本书出发，进一步分析本区域消费中心的具体形态及竞争演变格局。具体研究方向如下：一是纵向个体发展，即本区域自我发展。就是各地研究如何根据已有基础和发展位置，制定恰当的政策，采取有效措施，推进消费中心城市发展。二是横向协作发展，即跨区域发展。就是根据相邻地区、全国发展的情况，确定消费中心城市体系化协作思路。三是相互竞争发展，即各区域强化竞争能力。就是根据本区域和其他区域情况，培育特色和优势项目，采取有效的竞争策略。

本章小结

消费中心是一个比消费中心城市更本质的概念。为构建新发展格局，需要转变内需激发思路，从投资驱动到更多依托消费驱动，从短期刺激到长效发展，包括大力建设国际消费中心城市，培育区域消费中心。消费中心具有城市化、区域一体化、增长极、体系化、国际化等多重层级内涵，各地可以依托具体区情分类推进不同层级的消费中心建设。熵值法、Dagum基尼系数及其分解法、Kernel估计法等量化分析表明，中国存在着明晰的消费中心分布层级体系，结论和国家、各省区政策意见较为一致。针对客观存在的消费分布、消费中心建设区域不均衡，一方面需要从竞争、市场效率出发，依托城市化发展消费，从实际出发扩大消费，强化消费极化能力，在国内消费的基础上进一步发展国际消费。另一方面需要从协作、社会福利出发，推动基于效率与公平的区域消费一体化。

第十章 全书总结

中国社会主要矛盾的变化，即"中国社会主要矛盾已经转化为人民日益增长的美好生活需要和不平衡不充分的发展之间的矛盾"，以及中国经济更多由生产向消费转型，是本书消费中心研究的现实背景。党的二十大报告所提出的"着力扩大内需，增强消费对经济发展的基础性作用"，《中华人民共和国国民经济和社会发展第十四个五年规划和2035年远景目标纲要》所强调的"全面促进消费，培育建设国际消费中心城市，打造一批区域消费中心"，商务部等14部门印发的《关于培育建设国际消费中心城市的指导意见》等系列专项文件，是本书消费中心研究的政策背景。笔者多年对消费、区域经济、经济中心的理论探索、现实关注、调查研究，以及对消费经济的浓厚兴趣，是本书消费中心研究的写作背景。

本书作为消费中心理论和实务的开拓性前沿研究，阐述了消费中心的理论内涵、历史发展脉络，对历史发展脉络的分析成为本书的消费中心历史论。本书还揭示了经济中心由生产中心更多向消费中心转型的必然，这种必然规律就是本书的消费中心演化论。本书同时把消费中心置于新发展格局、共同富裕的人背景下进行研究，分别总结了与消费中心培育建设核心相关的人口论、布局论、定位论、升级论、空间演进论。综上所述，本书初步形成了一个较为完整的关于消费中心的理论体系，即"八论"，历史论、演化论、时代论、人口论、布局论、定位论、升级论、空间演进论。

本书既有理论分析又有实务分析，既有定性分析，又有定量分析、案例分析。创新点体现于多方面。一是明确了消费中心的概念边界和理论内涵，这对于将国际消费中心城市、区域消费中心、消费商圈等经济现象和政策概念纳入一般经济理论分析具有重要意义。二是视野新颖，是在新发展格局、高质量发展、高水平供求平衡、共同富裕背景下，从消费经济、城市经济、区域经济、宏观经济、国际经济范畴中分析国际消费中心城市、区域消费中心，从而大大拓展了相关理论内涵。

本书认为，消费中心已经在改变中国经济发展版图，包括区域性中心城市正在分离生产和消费功能，专业性中心城市正在进行生产和消费的分化，偏远地区中心城市承担了相对单纯的生活消费功能，跨国中心城镇正在形成专门的边境消费功能。消费中心还将继续改变中国经济发展版图，如全国经济借助消费中心而更加区域平衡，整个国民经济将借助消费中心而更加部门平衡，部分中西部中心城市将借助消费中心而加速发展，消费中心是东部经济发展的潜在空间，消费中心建设加速"老少边穷"和欠发达地区区域经济增长极的形成。由消费中心建设而引致的中国经济版图之改变，也会对世界经济格局产生影响。这是对消费中心发展的历史总结。

本书认为，现代经济社会不仅仅需要发展生产中心，还需要发展消费中心，在一个特定区域，两者可能规模有大小，层次有区别，但往往彼此支撑，谁也离不开谁；两者相互配套基于生产中心的人员需要就近消费、消费者需要生产中心提供就业收入、消费品及时就近供应需要生产中心配套等逻辑。但是在资源、环境、国土空间约束下，建设消费中心必定会与建设生产中心产生冲突，包括土地、基础设施、劳动力人口、资本、积累、市场之争等。需要通过扩展空间容纳更多生产和消费、内涵深化升级生产和消费、分区划片避免生产和消费冲突、改善设施条件强化生产和消费联系、精准配套实现生产和消费完美对接、更高层次统一融合生产和消费、区分一般层次消费和高层次消费进行区域分工等途径化解消费中心与生产中心之争。以上论述构成了本书消费中心的演化论。

本书认为，如同中国生产中心的发展，带动形成强大的国内生产供给体系，中国消费中心的发展，也将带动形成强大的国内消费市场体系，促进国内经济大循环。消费中心有着其内在的促内循环机制，具体包括通过提升区域消费动能加速内循环的动力机制、通过延展区域消费容量扩大内循环的扩容机制、通过强化区域消费供给能力做强内循环的消费供给机制、通过扩充区域消费资源夯实内循环的资源基础机制、通过提高区域消费品质升级内循环的内涵深化机制、通过多样化区域消费产品体系完备内循环的外延扩展机制。无论是对于消费经济发展、区域经济发展，还是对于内需刺激、宏观调控、国际经济协作，这些机制都具有重要意义，需要完善相关配套政策供给。同时，富裕的消费实现包括富裕的生理消费实现、快乐消费实现、保障消费实现、安全消费实现、健康消费实现、社交消费实现、自我消费实现等过程。消费具有消费"富"经济、消费实现"富裕"、消费再创"富裕"、消费共同"富裕"等富裕内涵。以上是对消费中心的时代内涵分别从新发展格局和共同富裕两方面进行揭示。

本书认为，消费必须以人为中心，生产经济可以不断减少人，但消费经济必须有人，而且人员消费参与越多越好，这是人口之于生产经济和消费经济显著不同的地方，是新时期人口对经济影响研究的重要视角和出发点。本地人口决定着消费中心本地基本消费规模、本地人口是消费中心抗风险中坚、外来人口是消费中心的竞争力所在，消费中心形成的几大因素均与人口相关。可以通过人口本地化稳定消费经济规模，通过扩大消费者影响力而拓展消费经济规模，通过强化消费者素质而提升消费经济层次，通过消费者身份转换而扩大消费中心发展基础，通过服务者核心能力打造提升消费经济水平。以上是消费中心人口论的主要内容。

本书认为，消费中心从纵向来看是一个包括节点、县域、地域、省域、区域、国家和国际等层面的中心体系；从横向来看，是涉及专业化、特色化的中心体系，同样受到经济空间资源的制约，因此随着消费中心建设的热潮兴起，无论是国家层面还是地方层面，从中央到县域、乡镇都有一个消费中心如何规划布局的问题。消费中心首先是本地人消费的中心城市，其次是周边人消费的中心城市，最终是各地人消费的中心城市，因而具有文化亲和渐进关系。可以通过特色化、潮流化促进本地消费；通过外延性、规模化扩展周边消费；通过虚拟化、网络化发展跨区域消费；通过打破时空，发展全域全时消费等路径，强化消费中心布局。以上表述体现了本书消费中心布局论。

当前越来越多的省区提出要建设（国际）消费中心（城市），但对于消费中心在整个经济体系，消费中心城市在整个城市体系中的定位，认识却还比较模糊。为避免同质化，低水平重复建设，有效进行国际竞争，一方面需要通过定位和分类分析强化对消费中心的体系性认识，另一方面需要在政策层面对消费中心进行科学定位，精准推动其分类发展。消费中心具有消费流通者、消费升级者、消费加工者、消费增值者、消费集大成者、消费创新者、消费集群者、消费组织者等定位内涵。可按照消费影响的地域范围，将消费中心分为国际、全国、省域、地区性、县域、节点性等层次。以上内容构成本书消费中心定位论。

本书认为，消费中心是一个层次分明的体系，可划分为国际消费中心、全国消费中心、省域消费中心、地级消费中心、县域消费中心、消费节点等层次；大大小小、各个层级的消费中心构成一国，乃至世界消费经济版图的全部，决定消费中心层次的区域包括核心消费区、外围消费区、跨区域消费区。消费中心的壮大不仅在其内涵、质量方面，也在其区域扩张方面，包括实体空间的拓展、资源空间的扩容、产品空间的丰富、文化空间的升级、线上空间的创新等。各类消费中心有其建设重点，国家加快国际消费中心城市建设，各行业加快行业性消费中心建设，各省区加快省会消费中心建设，各地市加快地域消费中心建设，各县加快县域特色消费中心建设，各节点消费地强化本地消费。以上表述体现了本书消费中心升级论。

本书认为，消费中心是一个比消费中心城市更本质的概念。为构建新发展格局，需要转变内需激发思路，从投资驱动到更多依托消费，从短期刺激到长效发展，包括大力建设国际消费中心城市，培育区域消费中心。消费中心具有城市化、区域一体化、增长极、体系化、国际化等多重空间层级内涵，各地可以依托具体区情分类推进不同层级的消费中心建设。针对客观存在着的消费分布、消费中心建设区域不均衡，一方面需要从竞争、市场效率出发，依托城市化发展消费，从实际出发扩大消费，强化消费极化能力，在国内消费的基础上进一步发展国际消费；另一方面需要从协作、社会福利出发，推动基于效率与公平的区域消费一体化。以上内容体现了本书消费中心空间演进论。

可将本书阐述的消费中心相关理论整理成一个统一的框架（见图10-1），这个框架由历史论、演化论、时代论、人口论、布局论、定位论、升级论、空间演进论组成，它们在本书各章中得以阐释，从图直观可见各理论之间的关系。

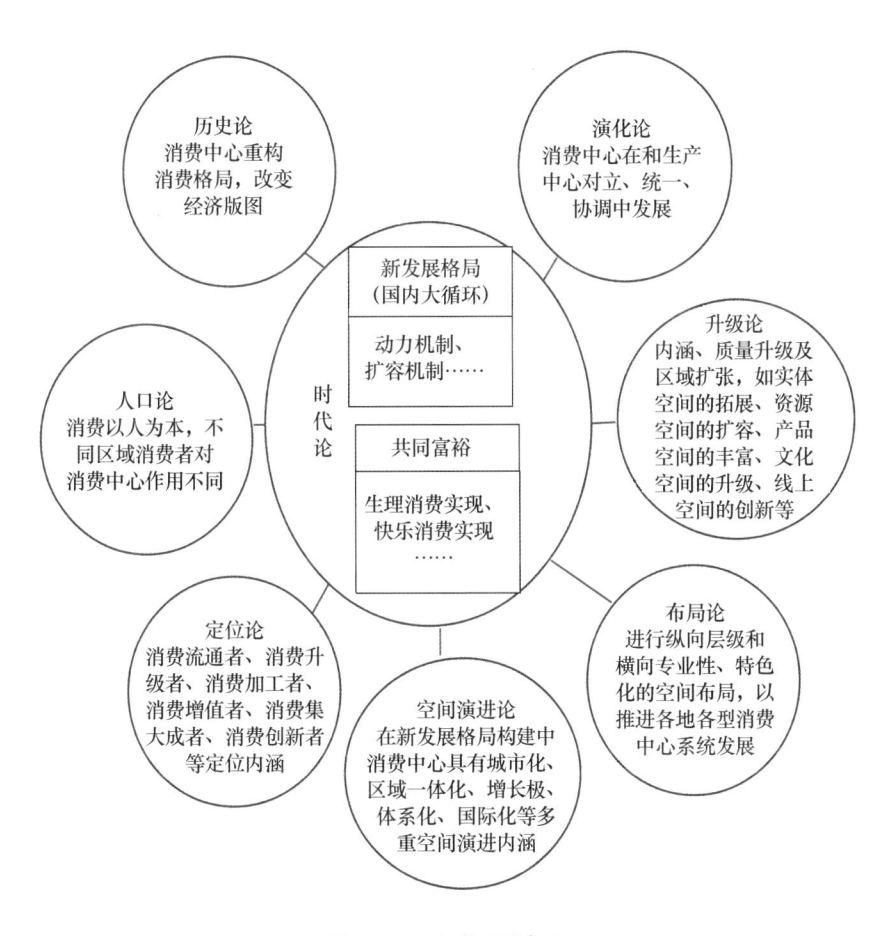

图 10-1 全书理论框架

图中各要素：

- **历史论**：消费中心重构消费格局，改变经济版图
- **演化论**：消费中心在和生产中心对立、统一、协调中发展
- **人口论**：消费以人为本，不同区域消费者对消费中心作用不同
- **升级论**：内涵、质量升级及区域扩张，如实体空间的拓展、资源空间的扩容、产品空间的丰富、文化空间的升级、线上空间的创新等
- **定位论**：消费流通者、消费升级者、消费加工者、消费增值者、消费集大成者、消费创新者等定位内涵
- **空间演进论**：在新发展格局构建中消费中心具有城市化、区域一体化、增长极、体系化、国际化等多重空间演进内涵
- **布局论**：进行纵向层级和横向专业性、特色化的空间布局，以推进各地各型消费中心系统发展
- **时代论**：新发展格局（国内大循环）——动力机制、扩容机制……；共同富裕——生理消费实现、快乐消费实现……

对上图 10-1 内容简要叙述如下。

消费中心建设基于一定的时代背景，时代引领着消费中心发展，消费中心必须与时代的要求相适应，即与时俱进，围绕时代的进步来建设。当前我国正在构建新发展格局，提振消费是促进国内大循环的关键性因素，培育建设国际消费中心城市是畅通国内大循环的重要抓手。我国正在扎实推动共同富裕，消费是生活的重要内容，尤其是现代生活的最主要依托，消费中心建设适应了人们对美好生活的追求，这就是消费中心时代论。消费中心是在一定历史阶段才出现，消费中心建设是一个长期的历史性过程。消费中心重构消费格局，改变经济版图，它能够发挥对消费，对经济，对区域，乃至对一国发展的历史性作用，同时通过适应时代潮流，顺应经济的历史性规律，驱动自己更加成熟地发展，这就是消费中心历史论。生产和消费都是经济活动，但在从物资短缺到生活富裕，从人们的时间更多从事生产劳动到更多开展生活活动，在不同时代，不同经济阶段，不同区域，人们生产和消费所占据的经济资源和时间资源不同，尤其在城市建设中，需要由生产城市向消费城市转型，在此过程中存在消费中心和生产中心的对立、统一、协调。在转型过程中，是时代引致消费中心发展变迁，尤其人民群众对美好生活的向往、需求的变化与升级、宏观经济形势变动等，都要求消费中心建设不断推陈出新，这就是消费中心演化论。消费中心建设以人口为基础，为消费者服务，需紧跟人口形势的变动、消费人群的流动。消费以人为本，不同区域消费者对消费中心作用不同，应立足人口形势，推动消费人口聚集，重点聚焦本地人口、近邻区域人口、跨区域人群等，吸引消费者，这就是消费中心人口论。消费中心建设是一定时代背景下的区域消费经济布局，对于协调区域发展平衡、促进区域一体化具有重要意义，应进行纵向层级和横向专业性、特色化的空间布局，以推进各类消费中心系统发展，这就是消费中心布局论。消费中心是一个庞大的经济、地理、消费体系，层次多，功能复杂，故需要根据时代内涵，在系统中定位其发展。消费中心定位有消费流通者、消费升级者、消费加工者、消费增值者、消费集大成者、消费创新者等内涵，这就是消费中心定位论。消费中心发展立足现实经济社会土壤，是一个不断转型升级的过程。消费中心的壮大不仅在其内涵、质量方面，也在其区域扩张方面，包括实体空间的拓展、资源空间的扩容、产品空间的丰富、文化空间的升级、线上空间的创新等，这就是消费中心升级论。消费中心不同于消费之处在于它不仅是一个消费概念，更是一个消费空间概念，还是一个区域消费概念，必须时空结合，才能真正把握其发展规律。消费中心具有城市化、区域一体化、增长极、体系化、国际化等多重空间演进内涵，这就是消费中心空间演进论。

参考文献

《马克思恩格斯文集》(第1卷),人民出版社2009年版。

习近平:《高举中国特色社会主义伟大旗帜 为全面建设社会主义现代化国家而团结奋斗——在中国共产党第二十次全国代表大会上的报告(2022年10月16日)》,人民出版社2022年版。

安虎森:《高级区域经济学》,东北财经大学出版社2020年版。

林耿、周锐波:《大城市商业业态空间研究》,商务印书馆2008年版。

孙久文:《区域经济学》,首都经济贸易大学出版社2020年版。

王国顺、周勇、汤捷:《交易、治理与经济效率——O. E. 威廉姆森交易成本经济学》,中国经济出版社2004年版。

王微、王青、刘涛等:《国际消费中心城市:理论、政策与实践》,中国发展出版社2021年版。

袁红:《商业中心区地下空间属性及城市设计方法》,东南大学出版社2019年版。

中国社会科学院语言研究所词典编辑室编:《现代汉语词典》(第7版),商务印书馆2016年版。

周男:《资源禀赋、资源瓶颈和气候变化约束下的国际产业地理格局变动研究》,载李雪松《21世纪数量经济学》,社会科学文献出版社2014年版。

[德] 马克斯·韦伯:《非正当性的支配:城市类型学》,康乐、简惠美译,广西师范大学出版社2005年版。

[德] 约翰·冯·杜能:《孤立国同农业和国民经济的关系》,吴衡康译,商务印书馆1986年版。

［美］弗兰克·萨克雷、约翰·芬德林主编：《世界大历史（1571—1689）》，闫传海译，新世界出版社2014年版。

陈新年：《顺应居民消费升级趋势，加快构建新发展格局——疏解消费升级难点堵点痛点的建议》，《宏观经济管理》2021年第3期。

戴汝为、王珏：《巨型智能系统的探讨》，《自动化学报》1993年第6期。

丁茂战：《形成强大国内市场路径研究》，《行政管理改革》2021年第10期。

段健、徐勇、孙晓一：《青藏高原粮食生产、消费及安全风险格局变化》，《自然资源学报》2019年第4期。

付敏杰：《全球视角的高质量城市化及中国的公共政策取向》，《社会科学战线》2021年第8期。

关利欣：《顶级世界城市的消费中心功能比较及其对中国的启示》，《国际贸易》2022年第7期。

郭军峰：《我国消费中心城市识别、集聚特征与驱动因素——基于空间计量模型的研究》，《商业经济研究》2020年第20期。

韩成：《流通产业与消费中心城市耦合度及协同发展研究》，《商业经济研究》2021年第11期。

郝玉柱、张艳玲：《国际商贸中心建设与北京免税业发展》，《北京社会科学》2013年第6期。

何友、曾福生：《中国粮食生产与消费的区域格局演变》，《中国农业资源与区划》2018年第3期。

黄庆华、向静、周密：《国际消费中心城市打造：理论机理与现实逻辑》，《宏观经济研究》2022年第9期。

计金标、应涛、刘建梅：《提振国内居民消费、促进"双循环"的税收政策研究》，《税务研究》2020年第11期。

季松：《消费时代城市空间的生产与消费》，《城市规划》2010年第7期。

江海旭：《双循环视角下人口年龄结构对消费的溢出效应研究——基于老龄化和少子化不同群体的比较》，《商业经济研究》2021年第13期。

金太军、沈承诚：《政府生态治理、地方政府核心行动者与政治锦标赛》，《南京社会科学》2012年第6期。

李婧:《双循环发展格局下我国对外贸易动能转换与产业竞争优势——兼论国内消费市场的贸易反哺效应》,《商业经济研究》2021年第13期。

李小玉、陶虹佼、徐蒙:《"双循环"背景下加快培育农村新型消费研究——以江西省为例》,《企业经济》2021年第8期。

李勇、黄豁、陶冶、黎华:《重庆:"大九街"何以成网红》,《瞭望》2019年第1期。

林耿:《大都市区消费空间的重构——以广佛同城化为例》,《现代城市研究》2011年第6期。

刘彬、陈忠暖:《日常消费空间的地方性建构及消费者感知——以成都顺兴老茶馆为例》,《世界地理研究》2018年第2期。

刘博:《国际消费中心城市建设背景下的服务消费发展探讨》,《商业经济研究》2022年第16期。

刘金山、杜林:《论以消费动能提升为核心的国内国际双循环》,《消费经济》2021年第11期。

刘社建:《"双循环"背景下上海构建国际消费城市路径探析》,《企业经济》2021年第1期。

刘司可、路洪卫、彭玮:《培育国际消费中心城市的路径、模式及启示——基于24个世界一线城市的比较分析》,《经济体制改革》2021年第5期。

刘涛、王微:《国际消费中心形成和发展的经验启示》,《财经智库》2017年第4期。

刘帷韬:《我国国家中心城市营商环境评价》,《中国流通经济》2020年第9期。

刘飚:《消费主义视阈下我国面临的环境困境及其出路》,《广西社会科学》2016年第12期。

刘尧飞、管志杰:《双循环新发展格局下国内消费扩容升级研究》,《当代经济管理》2021年第7期。

刘奕、夏杰长:《平台经济助力畅通服务消费内循环:作用机理与政策设计》,《改革》2021年第11期。

刘永凌:《马克思人的再生产理论对破解我国人口老龄化趋势的启示》,

《学习与探索》2020年第9期。

刘云：《双循环视角下农村电商发展对农村居民消费结构的影响差异性探究》，《商业经济研究》2021年第9期。

刘志彪：《利用和培育国内市场问题的研究》，《学术研究》2019年第10期。

刘志彪：《需求侧改革：推进双循环发展格局的新使命》，《东南学术》2021年第2期。

刘祖源、庞丽华：《人口结构对消费内循环的影响研究》，《价格理论与实践》2021年第7期。

龙少波、张梦雪、田浩：《产业与消费"双升级"畅通经济双循环的影响机制研究》，《改革》2021年第2期。

鲁品越、姚黎明：《"共富"难题与中国方案》，《江海学刊》2020年第9期。

陆铭、彭冲：《再辩大城市：消费中心城市的视角》，《中山大学学报》（社会科学版）2022年第1期。

罗怀良：《国内农业碳源/汇效应研究：视角、进展与改进》，《生态学报》2022年第9期。

罗振：《消费内循环视域下城市发展潜力对商贸流通业发展的影响》，《商业经济研究》2021年第19期。

马玥：《数字经济对消费市场的影响：机制、表现、问题及对策》，《宏观经济研究》2021年第5期。

毛中根、洪涛：《从生产大国到消费大国：现状、机制与政策》，《南京大学学报》（哲学·人文科学·社会科学版）2011年第3期。

毛中根、贾宇云、叶胥：《中国共产党领导的百年居民消费：进程回顾、思想变迁与民生实践》，《改革》2021年第9期。

毛中根、武优勐、谢迟：《长三角城市群消费水平空间格局及其影响机制》，《经济地理》2020年第12期。

任保平、苗新宇：《新经济背景下扩大新消费需求的路径与政策取向》，《改革》2021年第3期。

邵川：《人口规模变迁与消费中心城市建设》，《江汉论坛》2022年第

12 期。

石明明:《论"双循环"中如何发挥消费的基础性作用》,《商业经济与管理》2021 年第 4 期。

石培华等:《借助战略地图管理工具,发展国际旅游消费中心》,《宏观经济管理》2020 年第 3 期。

宋健林:《马克思时间视域中的西方消费主义批判》,《思想教育研究》2019 年第 6 期。

宋瑛、廖蓥、王亚飞:《制造业集聚对新型城镇化的影响研究——基于空间溢出效应的视角》,《重庆大学学报》(社会科学版) 2019 年第 6 期。

孙浩进:《论经济空间结构的理论维度》,《学术界》2021 年第 4 期。

唐志军、向国成、谌莹:《晋升锦标赛与地方政府官员腐败问题的研究》,《上海经济研究》2013 年第 4 期。

童昕、王缉慈:《全球化与本地化:透视我国个人计算机相关产业群的空间演变》,《经济地理》2002 年第 6 期。

汪婧:《基于熵权法的国际消费中心城市竞争力评价》,《商业经济研究》2020 年第 21 期。

汪明峰、孙莹:《全球化与中国时尚消费城市的兴起》,《地理研究》2013 年第 12 期。

王浩宇、王永杰:《基础设施工具理性的缺陷及其价值理性的回归》,《中国人民大学学报》2023 年第 1 期。

王晖:《双循环新格局背景下居民消费区域协调发展研究》,《商业经济研究》2021 年第 4 期。

王念祖、工育民:《我国台湾地区历史文化街区更新再造模式与策略研究——以台北大稻埕为例》,《中国海洋人学学报》(社会科学版) 2021 年第 3 期。

王强、刘玉奇:《挖掘农村居民消费潜力:中国经济良性循环发展的重要一维》,《河北学刊》2020 年第 3 期。

王勇、靳开元、张玮艺等:《数字信用与在线社交对共享经济发展的影响——基于线上二手商品市场的分析》,《数量经济技术经济研究》2023 年第 1 期。

卫垒垒：《消费和审美的相互融合及内在矛盾》，《东南学术》2019年第6期。

吴娟、曹卫东、张宇、陶杰：《长江经济带消费中心城市时空特征及驱动因素》，《长江流域资源与环境》2022年第4期。

吴军、王修齐、刘润东：《消费场景视角下国际消费中心城市建设路径探索——以成都为例》，《现代城市研究》2022年第10期。

吴莎：《西部地区消费中心城市发展潜力测度与收敛性特征研究》，《商业经济研究》2021年第4期。

夏会军、张冠楠：《流通产业发展水平测度及其空间可视化分布动态研究——以京津冀城市群为例》，《商业经济研究》2020年第12期。

向勇：《转型期我国文化产业发展模式研究》，《东岳论丛》2016年第2期。

肖蓉、阳建强、李哲：《生产—消费均衡视角下城市商业中心演化研究——以南京新街口为例》，《城市规划》2016年第1期。

肖怡：《国际大商都：广州建设国家中心城市的战略选择》，《广东商学院学报》2012年第2期。

肖泽锋：《内外双循环背景下制造业集聚与城乡居民消费升级——基于西部地区省域面板数据的实证》，《商业经济研究》2021年第8期。

谢迟、何雅兴、毛中根：《绿色消费的测度、分解与影响因素分析》，《浙江工商大学学报》2022年第6期。

徐阳：《中国地方政府绩效评估的历史、模式与问题——基于政治锦标赛理论视角》，《哈尔滨工业大学学报》（社会科学版）2018年第3期。

许光建、黎珍羽：《打通社会再生产各个环节 多途径促进共同富裕》，《价格理论与实践》2021年第9期。

杨蓉、黄丽萍、李凡：《怀旧消费空间的地方建构——以广州西餐老字号太平馆为例》，《热带地理》2014年第4期。

余慧容、杜鹏飞：《京津冀地区耕地资源生产消费均衡分析》，《生态经济》2022年第8期。

张斌、邹静娴：《中国经济结构转型的进展与差距》，《国际经济评论》2018年第6期。

张海龙、贺倚云：《零售消费金融发展对我国经济内循环的影响研究》，《经济纵横》2021年第3期。

张海鹏：《第三产业发展评价指标体系的构建与测度》，《统计与决策》2015年第5期。

张惠琳、张平淡：《培育建设国际消费中心城市的高质量中国式新供给》，《求是学刊》2023年第1期。

张淑萍：《长三角城市群国际消费中心城市竞争力评价》，《商业经济研究》2022年第10期。

张永生、董舵、肖逸、汪涛、王家伟：《我国能源生产、消费、储能现状及碳中和条件下变化趋势》，《科学通报》2021年第34期。

赵文哲：《国际消费中心城市的内涵及实施路径》，《人民论坛》2022年第5期。

赵义良：《消费异化：马克思异化理论的一个重要维度》，《哲学研究》2013年第5期。

郑红娥：《"双循环"格局下消费的阶段性特征研判》，《人民论坛》2021年第4期。

郑世林、应珊珊：《项目制治理模式与中国地区经济发展》，《中国工业经济》2017年第2期。

钟诗梦、李平：《我国消费中心城市发展水平测度与消费支点效应——基于区域一体化视角》，《商业经济研究》2021年第1期。

周佳：《国际消费中心城市：构念、规律与对策》，《商业经济研究》2021年第14期。

周勇：《畅通需求侧国内大循环：从消费到消费中心》，《晋阳学刊》2022年第4期。

周勇：《打造国际消费中心建设的国内大循环格局：消费者视角》，《重庆理工大学学报》（社会科学）2022年第8期。

周勇：《大项目援助的"结构性调整"改革》，《晋阳学刊》2021年第3期。

周勇：《发挥社会工作在乡村振兴项目建设中的作用》，《社会工作》2021年第4期。

周勇:《发力内需,稳定宏观经济》,《新湘评论》2022 年第 1 期。

周勇:《经济空间视角下消费中心与生产中心之争及化解》,《江西社会科学》2023 年第 2 期。

周勇:《省域副中心城市和核心增长极:调整逻辑及整合框架——以湖南省等为例》,《学术论坛》2021 年第 5 期。

周勇:《省域副中心建设的空间组织关系及其协调》,《求索》2021 年第 3 期。

周勇:《消费中心布局:原则、逻辑及路径》,《河南社会科学》2022 年第 2 期。

周勇:《消费中心促进国内大循环的机制研究》,《中国经济学》2022 年第 2 期。

周勇:《在区域共同发展中推进"国内大循环"》,《江西社会科学》2021 年第 6 期。

周勇:《中国特色的消费中心:从理论到实践》,《深圳大学学报》(人文社会科学版) 2023 年第 1 期。

周勇:《中国消费中心发展升级的理论和实践》,《东南学术》2022 年第 3 期。

周勇:《中国消费中心空间发展:动力、扩张及路径》,《求索》2022 年第 5 期。

朱富强:《所得、快乐与赋税:基于黄有光快乐经济学的审视》,《中南财经政法大学学报》2010 年第 1 期。

朱红红、孙曰瑶:《快乐品牌的经济学分析》,《财经科学》2009 年第 2 期。

朱青林、王翔:《省域副中心襄阳构建区域消费中心城市的现状、问题与路径》,《湖北社会科学》2021 年第 12 期。

陈晨:《全面建成小康社会后中国城镇居民消费潜力的测算研究》,硕士学位论文,湖北工业大学,2020 年。

单筱婷:《厦门构建区域性消费中心的路径与政策研究》,博士学位论文,厦门大学,2014 年。

徐小东:《西部区域性消费中心研究》,博士学位论文,西华大学,

2013年。

周勇等：《中国消费中心创新发展研究》，中国社会科学院数量经济与技术经济研究所课题报告，2021年。

《北上广津渝将率先开展国际消费中心城市建设》，2021年7月21日，中国经济网（https：//www.163.com/dy/article/GFE1RIDV0534697H.html）。

《关于进一步扩大旅游文化体育健康养老教育培训等领域消费的意见》，2016年11月28日，中华人民共和国中央人民政府网（http：//www.gov.cn/zhengce/content/2016-11/28/content_5138843.htm）。

《关于支持浙江高质量发展建设共同富裕示范区的意见》，2021年6月10日，中华人民共和国中央人民政府网（https：//www.gov.cn/zhengce/2021-06/10/content_5616833.htm）。

《国际消费中心城市的重任》，2021年7月19日，澎湃新闻网（https：//baijiahao.baidu.com/s?id=1705708483200115108&wfr=spider&for=pc）。

《国务院办公厅关于加快发展生活性服务业促进消费结构升级的指导意见》，2015年11月22日，中华人民共和国中央人民政府网（http：//www.gov.cn/zhengce/content/2015-11/22/content_10336.htm）。

《商务部办公厅关于进一步做好推荐申报国际消费中心城市培育建设试点工作的通知》，2020年3月5日，中华人民共和国商务部网站（https：//www.mofcom.gov.cn/gztz/art/2020/art_cf7c866469344d208c6f2a0e515230f9.html）。

《商务部等14部门关于培育建设国际消费中心城市的指导意见》，2019年10月14日，中华人民共和国文化和旅游部网站（https：//www.mct.gov.cn/preview/whhlyqyzcxxfw/yshjxf/202012/t20201217_919690.html）。

《上海市建设国际消费中心城市实施方案》，2021年9月18日，上海市政府网站（http：//www.zgzcinfo.cn/ppolicyreleas/show-41467.html）。

《天津市加快发展新型消费实施方案》，2021年8月13日，天津政务网（http：//www.tj.gov.cn/zwgk/szfwj/tjsrmzfbgt/202108/t20210813_5533678.html）。

《中共中央关于制定国民经济和社会发展第十四个五年规划和二〇三五年远景目标的建议》，2020年11月3日，中华人民共和国中央人民政府网

（http：//www.gov.cn/zhengce/2020-11/03/content_5556991.htm）。

《中共中央 国务院关于新时代推进西部大开发形成新格局的指导意见》，2020年5月17日，中华人民共和国中央人民政府网（http：//www.gov.cn/zhengce/2020-05/17/content_5512456.htm）。

《中国共产党湖南省第十二次代表大会隆重开幕》，2021年11月25日，湖南省人民政府网站（http：//www.hunan.gov.cn/szf/zfld/XJH/HDXJH/202111/t20211125_21178184.html）。

《中华人民共和国国民经济和社会发展第十四个五年规划和2035年远景目标纲要》，2021年3月13日，中华人民共和国中央人民政府网（https：//www.gov.cn/xinwen/2021-03/13/content_5592681.htm）。

EdwardL. Glaeser, Jed Kolko, Albert Saiz, "Consumer City", *Journal of Economic Geography*, Vol. 1, No. 1, 2001.

Edward Glaeser, Joseph Gyourko, "The Economic Implications of Housing Supply", *The Journal of Economic Perspectitve*, Vol. 32, No. 1, 2018.

Helsley R. W., Strange W. C., "Coagglomeration, Clusters, and the Scale and Composition of Cities", *Journal of Political Economy*, Vol. 122, No. 5, 2014.

Maslow, A. H., *Motivation and Personality* (3rd ed.), Delhi, India: Pearson Education, 1987.